米中激突
中国ビジネスの行方

日本企業は激動期をどう勝ち抜くか

服部健治・湯浅健司
日本経済研究センター
［編］

文眞堂

はじめに

　本書は，日本経済研究センターが日本経済新聞社からの受託事業として実施した，中国研究プロジェクトの研究内容をもとに構成している。

　中国研究プロジェクトのテーマは「新時代の中国ビジネス」であった。習近平国家主席が2017年秋の共産党大会で打ち出した「新時代の中国の特色ある社会主義思想」という行動指針を念頭に置き，豊かで質の高い経済発展を目指す中国において，日本企業のビジネスは今後，どのような視点や考え方をもつべきなのかを考えるという趣旨である。

　もっとも，プロジェクトを担う研究会を立ち上げた2018年春ごろから，中国を巡る情勢は大きく変化した。当初は良好に見えた米国との関係が急速に悪化し，貿易戦争にまで事態は発展した。マクロ経済の状況も，18年半ばから明らかな成長のペースダウンが見られ，その影響は日本企業の業績に影響するほどとなった。国内外の厳しい状況は19年に入って大きく好転することはなく，本書が上梓されるであろう，秋口の頃になっても同様であると思われる。

　激動する中国情勢の行方を見極めるのは非常に難しい。しかし，一方では，中国が今後も欠かすことのできない，例えばイノベーション主導の経済発展，あるいは「一帯一路」構想に象徴される対外援助の拡大など，成長のポイントは数多くある。研究会では，これらのポイントをビジネスチャンスと捉え，今後の中国において日本企業が進むべき道はどこにあるのかを多角的に検証，研究した。

　研究会の座長は，中国のミクロ経済の研究で活躍され実務経験も豊富な，中央大学ビジネススクール・フェローの服部健治氏にお願いした。服部氏には全体の構成や各章の内容について，実に多くの点をご指導いただいている。このほか，ベテランの専門家から新進気鋭の学者まで多彩な方々を招聘し，各章を分担して執筆していただいた。編集作業は日本経済研究センターの湯浅健司が担当した。

各章とも研究会における議論や意見交換を通じて内容を深め，悲観的でも楽観的でもない，客観的な立場から見た中国を描くように心がけた。第6章から第8章までは研究会での講演内容をまとめた講演録を掲載している。

研究会の内容は2019年3月に一度，報告書の形でとりまとめた。その後の情勢変化を踏まえ，内容を加筆して本書を完成させている。なお，不十分な点があるならば，それはひとえに編集者の責任である。

本書が発行される頃には，中国を巡る情勢は一層，激しく変化しているかもしれない。内外ともに厳しい局面が続く中国と，どう向き合うべきか。本書が少しでも読者の参考になれば幸いである。

2019年9月

日本経済研究センター首席研究員兼中国研究室長

湯浅健司

目　次

はじめに …………………………………………………………………………… *i*

序章
米中対立，長期化の様相
──貿易戦争から「文明の衝突」へ ……………………………………… *1*

- 1．G20での米中首脳会談，貿易交渉の再開で合意
  - 〜戦争は「一時休戦」 ……………………………………………………… *2*
- 2．終わりなき戦い ……………………………………………………………… *2*
- 3．中国ビジネスへの影響 …………………………………………………… *6*

第1章
「新時代の中国」における競争優位戦略
──いかに中国企業との差別化を図るか ……………………………… *9*

- 1．中国ビジネスに求められる経営学的視点 …………………………… *10*
- 2．「新しい時代」の中国市場の分析 ……………………………………… *12*
- 3．中国市場への経営戦略的アプローチ ………………………………… *17*
- 4．中国における CSR 戦略の重要性 ……………………………………… *20*
- 5．新しい競争優位戦略 ……………………………………………………… *21*
- 6．結びとして ………………………………………………………………… *24*

第2章
米中関係と「中国製造2025」の展望
──日本企業の新たな切り口に ……………………………………………… *29*

- 1．はじめに …………………………………………………………………… *30*
- 2．世界経済における米中の位置付けと貿易・投資関係の実態 ……… *30*

iv 目 次

　3．追加関税の発動を中心とした米中貿易戦争の動向 ················· *33*
　4．「中国製造2025」の概要と米中貿易戦争 ····················· *38*
　5．米中貿易戦争の今後の焦点 ··························· *41*
　6．日本企業はいかに対応すべきか ························· *45*

第3章
中国の半導体・液晶産業の動向
──量産化へシフト，最先端に迫る勢い ················· *57*
　1．対米摩擦の象徴となった電子産業〜その現状を考える ········· *58*
　2．中国の半導体産業の実力〜海外に多くを依存，国産化は急務 ········· *58*
　3．世界の最先端に追いつきつつある液晶産業 ··············· *66*
　4．日本の半導体産業はいかに中国と向き合うべきか ··········· *68*
　〈BOX：中国最大の強みは世界の工場と世界の市場の両輪〉 ········· *71*

第4章
変化する中国のデジタルビジネス
──ネットからリアル世界の競争へ ··················· *73*
　1．中国のデジタル革命の「全体観」 ····················· *74*
　2．プラットフォーマーの成長要因とビジネスモデル ··········· *76*
　3．中国政府のIT政策 ····························· *80*
　4．激化するプラットフォーム間の競争
　　　〜高まるリアルビジネスの重要性 ··················· *85*
　5．中国企業人の課題意識と日本企業の機会
　　　〜中国は参考素材の宝庫 ······················· *89*

第5章
好転する日中関係　膨らむ商機
──リスク見極め，問われる戦略性 ··················· *95*
　1．対立から協調の道へ〜新たなステージに入った日中関係 ·········· *96*
　2．調整期迎えた中国経済〜高度経済の終焉と「中国の夢」 ·········· *99*

目　次　*v*

　3．中国との相互依存，変らぬ日本企業 ……………………… *101*

　4．中国で攻勢をかける自動車メーカー ………………………… *103*

　5．複雑化する中国ビジネス〜景気動向ではマイナスも ……… *108*

　6．新たなチャイナ・リスク …………………………………… *111*

　7．日本企業に求められる「覚悟」 …………………………… *115*

第6章（講演録）

習政権，一極集中から集団指導制へ変化
——米国との関係改善，重要な日本の役割 …………………… *117*

　1．中国に対するいくつかの視点 ……………………………… *118*

　2．大きく変化する中国政治の方向性 ………………………… *119*

　3．中国の外交政策と米中関係の行方 ………………………… *123*

　4．日本が果たすべき役割 ……………………………………… *125*

　5．質疑応答 ……………………………………………………… *127*

第7章（講演録）

中国の対外援助と「一帯一路」構想
——世界に広がる影響力とその課題 …………………………… *131*

　1．はじめに ……………………………………………………… *132*

　2．中国の対外援助の実態 ……………………………………… *133*

　3．対外援助の柱としての「一帯一路」構想 ………………… *137*

　4．被援助国の債務問題 ………………………………………… *141*

　5．中国の対外援助と日本の関わり …………………………… *143*

　6．質疑応答 ……………………………………………………… *144*

第8章（講演録）

「冷戦モード」に入った米中関係
——ビジネスには安全保障の観点も必要 …………………… *147*

　1．米中対立の本質とは何か …………………………………… *148*

　2．厳しさを増す米国の姿勢 …………………………………… *149*

3. 中国の姿勢 ……………………………………………… 153
4. 日本企業に必要な留意点 ………………………………… 154
5. 質疑応答 …………………………………………………… 157

［資料］中華人民共和国外商投資法（日本語訳）………………… 163
索　引 ………………………………………………………………… 171

序章

米中対立，長期化の様相
── 貿易戦争から「文明の衝突」へ

日本経済研究センター首席研究員

湯浅健司

◉ポイント

▶ 2019年6月の米中首脳会談で，両国は中断していた貿易協議の再開で合意した。米国による3000億ドル相当の追加関税は先送りとなったほか，中国の華為技術（ファーウェイ）に米国企業が一部部品を販売することも認められた。

▶ ただ，今回の合意は「一時的な休戦」に過ぎない。米中の対立は今や制裁関税合戦だけに止まらないからだ。首脳会談でとりあえず部分解除の方向となったが，米国は中国企業を標的にし，世界各国に彼らとの取引中止を迫っている。中国も対抗してレアアースの禁輸をちらつかせるなど，互いにあらゆる手段を駆使して，圧力をかけあう戦いになっている。

▶ 米国では中国との対立を「文明の衝突」と見る向きもある。事態の打開は容易ではなく対立の長期化は避けられないだろう。日本企業は対立の行方を注意深く見守りつつ，自社の中国ビジネスを今後，どう展開していくべきか，改めて戦略を練り直す必要があろう。

◉注目データ☞ 米中貿易摩擦の主な経緯

2017年1月	米国でトランプ政権が発足
4月	習近平国家主席が訪米，米中首脳会談で貿易不均衡を是正する「100日計画」策定で合意
11月	トランプ大統領が訪中
2018年3月	米国，中国などを相手に鉄鋼とアルミニウムの輸入制限を発動
7月	米国が対中制裁関税の第1弾実施（340億ドル分，25％）。中国が報復
8月	米国が対中制裁関税の第2弾実施（160億ドル分，25％）。中国が報復
9月	米国が対中制裁関税の第3弾実施（2000億ドル分，10％）。中国が報復
12月	米中首脳会談。第3弾の関税引き上げの留保や貿易協議開始で合意
2019年5月	中国側，貿易協議の合意案に難色
	米中，貿易協議で物別れ。米国，第3弾の関税を25％に引き上げ
	米国，ファーウェイへの制裁強化発表
6月	中国が報復関税
	大阪で開催されたG20サミットで米中首脳が会談

1．G20での米中首脳会談，貿易交渉の再開で合意～戦争は「一時休戦」

　20カ国・地域首脳会議（G20大阪サミット）に出席していた米国のトランプ大統領と中国の習近平国家主席は2019年6月29日，大阪市内で会談し，5月から中断したままとなっていた貿易協議を再開することで合意した。両国経済への深刻な影響が懸念された米国による3000億ドル（約33兆円）相当の追加関税「第4弾」の実施は先送りとなったほか，米国は同年5月から禁止していた中国の情報通信機器大手，華為技術（ファーウェイ）に米国企業が部品を販売することも，一部認める方針に転換した。

　これにより，世界中が懸念していた米中の貿易戦争の激化は，ひとまず回避された形となったが，今回の会談でも中国側は米国が求める構造改革や規制緩和，補助金問題などについて，依然として具体的な方策を示さず，あいまいな態度のままだった。貿易協議が再開されても双方が妥協点を見出すのは容易ではなく，米中対立の先行きは，なお五里霧中であることに変わりはない。

2．終わりなき戦い

2.1　エスカレートする制裁関税合戦～米中双方の経済に悪影響

　米中の貿易戦争はすでに1年半を超える長期戦となっている。トランプ政権は2018年3月，対中制裁の発動を初めて表明。同年7月にまず340億ドル分，

図表　2019年6月の米中首脳会談での主な協議内容

米中両国は5月から中断していた貿易協議を再開する
米国は当面，第4弾の追加関税を見送る
米国はすでに発動している第1～3弾の追加関税は維持する
米国は中国・ファーウェイに対する制裁を一部緩和する方針
米国は中国人の優秀な人材が米国に滞在，もしくは永住権を取得しやすくなるよう配慮する
中国は米国の農産物の輸入拡大を継続
中国は自国の核心的な利益は必ず守ると主張
北朝鮮の非核化を巡る問題も協議

（出所）各種報道をもとに筆者作成

8月には160億ドル分の中国製品にそれぞれ25％の追加関税を課した。9月には第3弾として2000億ドル分（5700品目）に10％の関税を上乗せし，19年5月10日には第3弾の2000億ドル分について，追加の関税率を10％から25％に上げた。中国も米国の課税に合わせて，報復措置として同様の追加関税を実施し，事態はエスカレート。米国はさらに19年6月末から，第4弾として，携帯電話などを含む，約3000億ドル規模の中国製品に最大25％の関税を課すとしていた[1]。

制裁合戦が激しさを増す一方で，両国は互いに歩み寄りの可能性も探っていた。米国側は第3弾の追加措置を当初は2019年3月に予定していたが，18年12月に実現したアルゼンチンでの首脳会談で，中国側が知的財産の保護や一段の市場開放，さらには米国が最も問題視している産業補助金や技術移転強要などの問題で一定の譲歩をする姿勢を見せたため，米国はいったん追加関税の実施を延期した。

しかし，2019年5月，中国側が突然，「中国の原則に関わる問題では決して譲らない」と態度を硬化。折り合いがつきそうだった協定案の一部を拒否したことから，米国は再び強硬姿勢に転じて，関税合戦は泥沼化してしまった。中国側が姿勢を変化させたのは，習近平国家主席と側近の劉鶴・副首相が主導した協定案に対して，指導部の中の対米強硬派が激しく反発したためと見られている。米中の対立は奇しくも，中国内部の複雑な事情をも浮き彫りにした。

今回の大阪での米中首脳会談の焦点は，米国が第4弾の追加関税を踏みとどまるかどうかにあった。第4弾を実施してしまうと，携帯電話やパソコン，玩具，衣料品といった，米国が多くを中国からの輸入に頼っている製品にまで対象が広がる。第4弾の原案に入っている約3800品目は中国からの輸入割合は約4割にのぼり，米中双方への経済的な影響はこれまでの第1〜3弾とは，比べものにならないほど大きい。

予定通りに第4弾の追加関税が実施された場合，日本経済研究センターの試算では世界の国内総生産（GDP）は0.2％，米国は0.8％，中国は0.7％，それぞれ減少すると見られる。国際通貨基金（IMF）は米国の経済成長率は最大0.6ポイント，中国も1.5ポイント下振れするとみており，いずれも試算通りならば，中国の成長率は2019年の政府目標である「6〜6.5％」を大きく下回るだ

ろう。

　米国国内でも首脳会談を前に，企業からの悲鳴があがっていた。米通商代表部（USTR）は 6 月17日から25日まで公聴会を開き，米国企業などから意見を聞いた。企業からは「関税が上がれば輸入コストが上昇し，値上げは避けられない」といった意見のほか，「消費者が安い中古品を買うようになり子供の安全が脅かされる」，「米国で代替生産を続けるのは困難」などの声が上がった。スマートフォン（スマホ）など完成品に追加関税を課せば，半導体を含むサプライチェーン全体に悪影響を及ぼすとの懸念も示された。首脳会談でトランプ大統領が一定の譲歩を示したのは，こうした企業の強い懸念に，ある程度，配慮した可能性もある。

2.2　対立の長期化は避けられない

　もっとも，米中の対立はすでに関税合戦にとどまらない状況にある。米商務省は輸出管理法に基づき，国家安全保障などの懸念がある企業を指定した「エンティティー・リスト（EL）」を策定している。リストに入った企業に米国や米国以外の企業が製品や部品，ソフトウエア，技術を売却したり，供与したりする場合は商務省の許可が必要となるが，申請は原則却下される。米商務省は2019年 5 月以降，制裁対象のイランとの金融取引に関わったなどの理由から，華為技術（ファーウェイ）をはじめとする複数の中国企業をリストに追加するとともに，トランプ大統領は米国企業によるファーウェイ製品の調達を事実上禁じる大統領令にも署名した。

　これにより，ファーウェイはスマホなどの主力製品の部品を海外から調達することが困難になった。任正非・最高経営責任者（CEO）は2019年 6 月，米国による制裁の影響について「今後 2 年間で売上高が計画比で約300億ドル減少する」との厳しい経営見通しを表明。特にスマホは19年の世界での販売台数が前年比で 2 割も減る可能性があるという。ファーウェイは中国を代表する民間企業の 1 つであり，そこに狙いを定めた米国の強烈な揺さぶりに，中国は大きな衝撃を受けている。

　今回の首脳会談で米国側は「米国製品を売ることはこれからも認めていきたい」（トランプ大統領）として，ファーウェイへの米国企業による部品販売は部

分的に容認する姿勢を見せた模様。同社が半導体などの主要部品を従来通り調達できれば，経営が大きく傾くことはひとまず避けられる。ただ，EL から除外されたわけではなく，米国企業による調達を禁じた大統領令の扱いも不明。外交交渉の成り行き次第で，いつでも厳しい局面に立たされる危険性がある。

　攻勢を強める米国に対し，中国も様々な対抗措置を用意しつつある。その１つとして５月末，中国企業に損害を与えた外国企業を列挙した中国版 EL を策定すると発表した。リストに指定されると中国企業との取引が難しくなる恐れがあり，具体的には，米国企業をターゲットにして中国から希土類（レアアース）を購入できなくする，ことなどが予想されている。

　レアアースは中国が握る，数少ない米国向けの取引材料の１つだ。電気自動車（EV）やデジタル家電に欠かせない素材であり，中国が世界生産の約７割を握る。習近平国家主席は EL 策定の発表を前にした2019年５月中旬，対米交渉を担当する劉鶴副首相を従え，わざわざレアアースの主産地である江西省を視察した。

　レアアースの禁輸と並び，保有する米国債の放出も想定される米国への"脅し"の手段である。中国は日本を上回る米国債の最大の保有国だ。市場ではかねて，中国が米国の長期金利に影響する米国債市場で報復措置に出るとの観測があがっている。実際に，米財務省が発表した2019年４月の統計によると，中国の米国債保有残高は１兆1130億ドルで，直近のピークだった17年８月に比べて，約900億ドルも少なくなった。米国債を減らす一方，準備資産としては，金の保有量を増やしている。

　中国側は米国への対抗措置について，明確な説明はしていない。しかし，まだ表面化していない手段も含めて，米中双方は関税合戦だけでなく，こうした，じわじわと互いに圧力をかけ合う神経戦を当面，繰り広げることになるだろう。

2.3　文明を巡る衝突

　米中の対立の根底には，次世代通信規格「5G」など最先端技術の覇権を奪い合う争いがあるとの見方が多い。どちらが今後の世界の潮流の舵を握るのか，という戦いであり，関税合戦はその戦いを有利に進めるための１つの材料

に過ぎないという。したがって，両国が関税について一定の歩み寄りを果たしたとしても，それはあくまで部分的な停戦であって，対立が根本的には解消されないという。

米中の対立は異なる文明の衝突だ，との見方もある。米国務省のキロン・スキナー政策企画局長は2019年4月，フォーラムでの講演で中国との対立について「まったく異なる文明，異なるイデオロギーとの戦いであり，米国が過去に経験したことのない戦い」，「白人国家でない大国と競う初めての経験になる」と語った[2]。政策当局者のこうした発言を聞くと，米国の政界では与野党を問わず，ビジネス界の心配をよそに，もはや話し合いによる妥結の余地はなく，勝つか負けるかの戦いになっているという雰囲気が蔓延しているように思える。

この発言に呼応するかのように，習主席は5月15日，北京市内で開いた国際会議「アジア文明対話大会」の席上でこう力説した。「自分たちの人種や文明が他の人よりも優れていると思い，反論にも耳をかさずに他の文明を改造したり，それにとって代わろうとしたりするのは，愚かで災難を招くことになる」。同会議はアジア各国と中国の文化交流を目的にしたイベントで，47カ国が参加していた。習氏はそうした国々の代表者に向けて，米国が挑もうとする文明の衝突を非難する一方，アジア文明と中華文明の連携を強調することで，米国への対抗意識も鮮明にした。

米中関係が異なる文明の衝突というレベルに発展するなら，もはや相互理解による対立の解消は難しいかもしれない。どちらが勝つか負けるか，といった対決の構図に発展するなら，問題解決の着地点を見出すのは容易ではない。

3．中国ビジネスへの影響

3.1　影響が大きいIT業界

米中の対立が深まるにつれ，両国にかかわるビジネスの現場では，様々な影響が表れ始め，企業が対応に追われている。

前述したように，米国による中国叩きの象徴となっているファーウェイは業績の流動化が避けられない情勢にある。世界中から部品を調達する同社の動向

は，数多くの企業にも影響を及ぼす。その代表例が半導体受託生産の世界最大手，台湾積体電路製造（TSMC）だろう。

韓国のサムスン電子，米インテルと並び世界半導体の「ビッグ3」と呼ばれるTSMCは，米クアルコムなど工場を持たない企業から半導体製造を請け負っている。最近では，中国との取引を増やし，中国顧客向けの売上高が全体に占める割合は2019年1～3月期で18％と，5年前に比べ10ポイントも上昇した。特にファーウェイ傘下の半導体設計会社，海思半導体（ハイシリコン）向けは全売上高の1割前後を占める。ハイシリコンからの一段の受注増に備え，2018年5月には中国・江蘇省南京で大型工場を稼働させていた。工場稼働直後に，米国政府がファーウェイをELに追加し，同社のスマホなどの出荷も鈍り始めたため，TSMCのハイシリコン向けの受注に影がさしている。米中の対立が長引けば，TSMCの業績の悪化は避けられそうにない。

TSMCだけでなく，台湾勢は中国のIT関連企業との取引が多い。台湾当局は5月，2019年の域内総生産の伸び率について，米中の対立による半導体の在庫調整などが輸出に影響を与えるとの判断から，2月発表の予想値を下方修正して，2.19％とした。

米国企業の間でも，中国からの製品調達や中国での生産を見直す動きが目立ってきた。報道によれば，アップルは主要取引先に対して，iPhone（アイフォーン）などの中国での集中生産を回避するように要請し始めた。これまで同社製品の約9割は中国で生産されてきたが，このうち15～30％は海外に分散するよう，取引先に促しているという[3]。

日本貿易振興機構（ジェトロ）のまとめ[4]によると，2019年第1四半期（1～3月）の中国から米国への輸出額は前年同期比で8.8％減少した。品目別に輸出が減った割合の大きかったのはスマホ（20.8％減）や機械部品・付属品（48.8％減），テニスシューズなどの履物（8.7％減）など。これらの品目については，米国は中国以外の国・地域からの輸入を増やしている。例えばスマホはベトナムからの輸入が172.2％も増加したほか，機械部品・付属品は台湾が186.3％増，履物はミャンマーが296.1％増，カンボジアからの輸入は45.3％増とそれぞれ急増した。ただ，こうした製品の中にはベトナムなどで生産されたものだけではなく中国製が第三国を経由して米国に輸出される「迂回輸出」も

含まれるとみられる。

3.2　対応難しい日本企業

　米中対立に揺れるのは，日本企業も例外ではない。リコーは2019年5月，中国で生産した米国向けの複合機の生産をタイへ全面移管する方針を明らかにした。米国向けは広東省深圳とタイの2カ所で生産してきたが，これをタイに一本化して，深圳工場は米国以外の国向けに特化する。カシオ計算機も中国からタイ工場への生産移管を進めているほか，シャープは米国向けのノートパソコンの生産の一部をベトナムに移すという。

　もっとも，長年，中国で生産を続けてきた日本企業にとって，他国への生産移管は簡単ではない。移転費用がかさむうえに，中国では容易に入手できる部品や素材が他国でもすぐに調達できる保証はないからだ。さらには，中国工場の縮小に伴う従業員の削減も，地元政府の強い反発が予想され簡単ではないだろう。

　中国からの生産移転を考える企業は今後，米中対立の先行きや，移転に伴うコストやリスクなど様々な要因を考慮する必要がある。生産移転が最も良い解決策になるとは限らない。対立の長期化がより現実味を増してくるなら，輸出分を中国国内向けの出荷増に振り向けるなど，柔軟な対応も求められるだろう。

［注］
1）米中の制裁関税については第2章で詳述している。
2）2019年6月7日，日本経済新聞朝刊
3）2019年6月20日，日本経済新聞朝刊
4）2019年6月24日，ジェトロ・ビジネス短信

第1章

「新時代の中国」における競争優位戦略
―― いかに中国企業との差別化を図るか

中央大学ビジネススクール・フェロー
服部健治

◉ポイント

▶ グローバル化と競争激化の波にさらされる中国市場にあって，日本企業の競争優位は必ずしも盤石ではなく，新たな競争優位戦略を構築することが喫緊の課題となっている。

▶ 新興国市場の中国では「シンプル・ルール戦略」が適合しており，複雑な要素を組み入れる経営戦略は難しい。「コスト・リーダーシップ戦略」の採用も低価格市場では困難であり，「差別化戦略」が基軸になる。

▶ 「共通価値の創出」（CSV）と「マーケティング3.0」をミックス（クロス・オーバー）したポジションに日本企業が目標位置を定めることが，成長著しい中国企業との差別化を図る「新しい時代の中国」における競争優位戦略になる。また，それは「持続可能な開発目標」（SDGs）にも合致する。

◉注目データ　CSV（共通価値の創出）と「マーケティング3.0」のクロス・オーバーの概念図

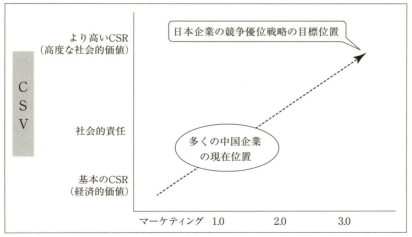

（出所）筆者作成

1．中国ビジネスに求められる経営学的視点

　筆者はかつて，中国においてビジネスの現場で長く働いた経験がある。中国ビジネスについて考えるとき，経営学などの理論ばかりが先行しても仕方がない思う反面，理論を知らなければ実務は迷ってしまう，ということも真理である。現場と理論を合体（フュージョン）させるような，「経営理論を踏まえ現場感覚を交えて考える」というのが，筆者の基本的なスタンスである。

　本章における問題意識は「新しい時代の中国市場における日本企業の競争優位戦略」である。難しいテーマであって，まだ結論が明確にはなっておらず，試論（tentative assumption）にとどめたい。

1.1　裾野広がる中国ビジネスの研究範囲

　対中投資，あるいは中国における企業経営に関しては，これまでも様々な角度から議論がなされ，多くの書籍が出版されてきた。「中国人の考え方はこうだ」「中国ビジネスのポイントはここにある」と言った解説であったり，現場で長年働いた日本人経営者が実際に見聞した体験に基づいた実務指南，あるいは苦労したり，失敗したり，騙されたりという奮戦記，さらに，弁護士や公認会計士，税理士のなどの専門家による税務・法務上のガイダンスなど，実に多岐にわたる出版物がある。実際の経営の指針となる好著も多く，学術上，示唆に富む分析も少なくない。収益率や市場シェア，ブランド力などから見た成功事例研究，日本型ビジネスモデルの中国への適用，中国市場でのマーケティング戦略，リスク分析など，より専門的な研究も増えている。

　これは，日中両国間の経済関係，ビジネスの往来が深まるにつれて，多くの研究者や実務家，あるいは弁護士や会計士らがそれぞれの立場から中国について考えるようになっている証でもある。非常に良いことではあるが，一方で経営学の手法に沿った形で，中国に進出する日本企業の動態をモデル化するような発想や考え方は，まだ十分ではないと思われる。経営学の手法に照らした日系企業の中国ビジネスを分析した書籍や論文はまだ多くない。特に，中国投資における「競争優位戦略」を提議した分析は少ないと言わざるを得ない。この

ため，筆者は中国における競争優位戦略を今一度まとめるべき，と考えてきた。

1.2　中国ビジネスにおける「競争優位戦略」

　なぜ「競争優位戦略」の志向が必要なのか。それにはいくつかの理由がある。1つは，日本企業の対中直接投資は，改革開放路線とともに40年の長い経験と歴史があるにもかかわらず，未だに一般性，普遍性のある競争戦略の経営論が確立されていないからである。

　もちろん，中国に関わる日本企業の数は極めて多く，個別企業には相当量の中国市場に対する見方やノウハウが蓄積されている。各社はその蓄積を基に，自社の企業カラーを反映させながら，それぞれの戦略を練っている。

　だが，多くは普遍化された経営戦略の視点が弱く，カンと経験に頼る「手工業的な経営」でやっている企業が多いのではないだろうか。戦略の一般化，普遍化ができていないのである。個別企業の実績と体験は貴重な財産であり，産業界に貢献する重要な経営指針であるが，経営学からみた「戦略」が確立されていると思えない。それを目に見える形にしていくために，「競争優位戦略」が必要ではないかと思う。

　「戦略」を目に見える形にする際には，製造業とサービス業といった業態の違い，大企業と中小企業という規模の違い，労働集約型か技術集約型かといった企業形態の違いなどを考慮しなければならない。そのうえで，普遍性を追究した「競争優位戦略」の確立に向けた模索は，中国ビジネスの研究の上でも実務の上でも有益だと考える。

1.3　変貌する中国市場にいかに対応するか

　2つ目の理由として中国市場の大きな変化がある。改革開放路線が始まって以来，1980〜90年代の中国市場の主役は外資系企業であった。とりわけ中国に販路を求める日本企業のライバルは中国企業ではなく，日本企業同士，あるいは欧米企業，さらには台湾や韓国企業等であった。しかし，21世紀に入ってから中国企業の成長が著しく，中国市場での競争は新局面を迎えている。対処療法的な経営対応では長期的な展望が開けず，現場を見据え，中国の「商情」に合致した経営戦略が求められている。

3つ目には，中国が今やグローバル市場の中核を担うようになったためである。世界市場の中での中国市場，といった視点から経営せざるを得ない時代に入った。一例としては，中国と東南アジア市場，日本本社との有機的な連携，サプライチェーン・マネジメントなどである。そのためには，経験だけの経営でなく，戦略性のある経営が求められてくる。

競争が激しく，グローバル化した中国市場において，製造業，サービス業の両分野において日本企業の競争優位は必ずしも盤石ではない。日本製品（メイド・イン・ジャパン）はこれまで「安心・安全・高品質」といったブランドイメージにより競争優位を保ってきたが，台頭する韓国や台湾，中国といった新興勢力に，家電やIT（情報技術）製品を筆頭にいくつかの主要商品では対抗できなくなっている。流通・サービス分野でも，中国の慣習になかった「お客様本位」の接客対応や多様な品揃えといったコンセプトがあたり前となり，ネット通販や越境EC（電子商取引）などの普及によって，販売形態の多様性も求められている。

こうした背景から，「競争優位戦略」の含意は新時代の中国市場に対処する基本的な経営戦略の確立であり，負けないために何をなすべきかが問われている。実質的に日本企業が中国市場において，いかに優位性を確保しグローバル化に対応するか，ともいえる。

先進国のような均質の市場，法治の確立したビジネス環境で生み出された経営戦略論が，果たして中国のような新興国市場（エマージング・マーケット）で通用するか，根底的な疑義も存在する。その意味で，本章は試論であり，問題提議と考えている。

2．「新しい時代」の中国市場の分析

改革開放路線が始まって40年が経過した中国市場は今，「新しい時代」を迎えている。経済規模は名目GDP（国内総生産）で2010年に日本を追い越して米国に次ぐ世界第2位となり，貿易総額は4兆1000億ドルで米国を抜いて世界第1位（2017年），外貨準備高も3兆ドル以上と，これも世界1位である[1]。

巨大化した中国市場を分析する場合，3つの視点が求められる。1つは何を

2. 「新しい時代」の中国市場の分析　　*13*

分析するのかという基軸である。市場における「競争」と「購買力」という2つの把握が基軸と考える。2つ目は，市場の基底を形作る社会の質的な変化である。「大衆消費社会」といわれる様相はその1つである。これは筆者が2014年の半年間，研究のため上海に滞在した際の実感に基づいている。ちょうど日本の1950年代末から60年代にかけての様相と近似していると理解した。3つ目は中国も新興国という枠組みに所属している限り，新興国市場としての特色を有しており，その特色を把握する必要がある。

2.1　市場における「競争」と「購買力」

　まず，中国市場分析の基軸である「競争」と「購買力」の把握について考えたい。中国市場は競争が激しいと言われる。一般的に国有企業が優位の産業では国有企業の独占状態にあり，他方，民間企業が多数を占める分野では1社あたりの市場占有率が低く，その分，競争が激しいと見られている。

　一方，中国では市場経済政策が本格的に実施されたのは1992年[2]からで，まだ30年にも達しておらず，市場経済が未熟である。そのうえ共産党による独裁体制のもとでは，法律が党の政策によって変更される事態が普遍的に起こる。「法治国家」でなく「人治国家」などと揶揄されるほど，不完全な法秩序と言わざるを得ない。こうした市場経済の未熟性，不完全な法秩序は，「市場の不規則性」といわれる現象を発生させている。他方，国土の広さや消費者の膨大さ，業界や企業の数の多さから，中国市場は多様性があるともいえる。

　「購買力」については，経済発展につれて巨大な購買力を持った階層が生まれている。中国は人口が大きいので，購買力階層の絶対数も巨大である。一方で資産階層と貧困層の消費構造の二極化が顕在化してきている。世代や年齢層の違いによる購買趣向の相違も顕著である。広大な国土の中で購買力の強弱も存在する。地域の発展レベルの違いから，商品やサービスのライフサイクルも異なってきた。階層，世代，地域の購買力の変化によって，中国の消費者層の購買力は大きな多様性が生まれてきた。

　中国には世界の有力なメーカーやサービス企業が数多く進出し，世界最大のグローバル市場，巨大な消費を生み出す「世界の市場」と化した。巨大な購買力に伴い1960年代の日本のように「大衆消費社会」が到来している。

図表1　中国における中間層の拡大

世代区分	生活背景
戦争と建国の世代 65才以上	社会的動乱・混乱を経験，新中国の成立とともに，自然に共産主義を信奉
文革の世代 55〜65才	青年期に共産主義に熱狂。若いころ実現できなかった理想や希望を次世代に託す
回復の世代 45〜55才	文革の影響を蒙り，理想主義に幻滅。80年代の改革・開放政策の原動力
サンドイッチ世代 30〜45才	高度の物質文明を享受。現代教育を受けた最初の世代
自分第一の世代 30才以下 80后／90后	高度経済成長期。恵まれた環境で育った「一人っ子」世代は，上の世代と価値観が異なる

（出所）筆者作成

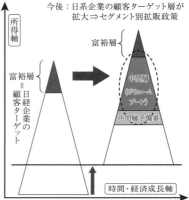

　個人消費の伸びは2013年には日本を抜き，米国に次いで世界第2位にまで浮上した。世界の個人消費総額に占める中国のシェアは8.8％である（日本は6.2％，2014年，国連統計）[3]。具体的には2016年の自動車販売台数（商用車を含む）は2802万8000台と世界最大（米国1786万5000台，日本487万台）であり[4]，スマートフォン販売台数も2015年で4億3000万台に上り，世界の約3割を占めている。

　消費者行動にも変化が表れてきた。販売チャネルの多角化とメディアの広告による購買意欲の誘導も進み，消費ニーズの多様化が拡大した。富裕層とボリュームゾーンと言われる中間層（図表1）では，高級品や個性的な商品を好む傾向が強まり，優れたデザイン，機能性，素材・部品の品質などを重視するようになってきた。消費者行動の多様性は「モノ消費」から「コト消費」に転換が進み，旅行やレジャー，教養，文化芸術，趣味活動，スポーツへと消費の対象が広がっている。

2.2　中国社会の質的変化〜国家が支援するデジタル経済

　次に考察すべきは，新しい時代の中国市場が生み出す社会の質的な変化である。中国経済の規模拡大が様々な質的変化を生み出している。

第1は政治的な変化であり，いわゆる「習近平時代」の到来である。反腐敗運動を通じ国家統治能力の向上を目指すことや，「社会主義現代化強国」を掲げて，2050年頃までに米国を抜くという目標を打ち出した。それらは今日の米中経済摩擦の発火点とも言えなくもないが，習政権は国民統合のための目標を「強国」（＝「中国の夢」）に置き，市場経済の一層の効率化，高度化を求めて，国家主導による市場経済の一段の強化を目指している。

経済強化のキーワードの1つが「デジタルエコノミー」である。それを先導する企業はアリババ集団と騰訊控股（テンセント）などのインターネット関連企業であり，彼らは「データ支配」という新しいビジネスモデルを構築している。この2社の株式時価総額の合計は，2018年2月末時点で1兆ドル（約110兆円）と，日本のトヨタ自動車を筆頭とする東証1部上場企業の上位10社の合計（約95.8兆円，2018年4月6日）を凌ぐ規模である。

経済強化については，AI（人工知能）技術を活用しながら，モノづくりを強化しようという国策「中国製造2025」と「創新」（イノベーション）がその根幹となる政策で，欧米や日本を凌駕することを表明している。ドイツの「インダストリー4.0」にも相当する戦略といえる。

もっとも，中国は伝統的なモノづくりの分野でも切磋琢磨していることに注目する必要がある。その表れが，2年に1度開かれる技能オリンピックだ。2017年第44回大会（アブダビ）で，中国は参加国最多の15個の金メダルを獲得した。日本には「中国はモノづくりが弱い」という通俗的な見方があるが，これまで上位を占めてきた日本が第44回大会で獲得した金メダル数は3個にすぎない。中国が台頭して来ている背景には「中国製造2025」の精神があるのかもしれない。日本は中国に対する認識を変えなければならない。

2.3 産業構造の高度化と大衆消費社会の到来

第2の質的変化は，産業構造の高度化である。2012年頃からGDPでの構成比や就業者人口などで，第3次産業が第2次産業を凌駕するようになった（図表2）。この背景には都市化の進捗がある。さらに，第3次産業の進展とともに情報や知識，技術のサービス化などの「経済のソフト化」とデジタルエコノミーの台頭により，ITと金融などを組み合わせた第4次産業革命も同時並行

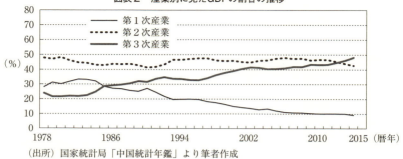

図表2　産業別に見たGDPの割合の推移

（出所）国家統計局「中国統計年鑑」より筆者作成

させている。

　第3の変化は，前述した「大衆消費社会」の到来である。「大衆消費社会」の出現によって2014年以降，GDPに対する「最終消費」の貢献度が「資本形成の投資」を上回るようになった。中国経済を牽引する力は，かつての「投資」「輸出」から「消費」へと大きく構造転換しつつある。

2.4　「ブランド＋良い会社」の構築に向けた競争優位戦略

　中国の消費構造の変化は高所得者層が増える一方，低所得者層も増えるという「二極化の構造」が起きている。高所得者層と低所得者層の購買力と購買商品の違いについて，企業はより詳細な分析をしなければならない。

　新しく変貌する中国市場において，日本企業は改めて経営戦略が問われて来た。モノとサービスの両面で日本企業の競争優位は以前と比べて低下しており，新たな優位戦略を探ることが喫緊の課題となっている。

　問われているのは「メイド・イン・ジャパン」が持つブランドイメージに加えて，企業が中国の社会，市場の発展に貢献している「良い会社」という新しいイメージをいかに作るかである。「ブランド＋良い会社」の構築に向けた競争優位戦略が，新時代の中国市場では肝要である。

3. 中国市場への経営戦略的アプローチ

3.1 注意すべき新興国市場に共通する特色

中国市場を見る場合，新興国市場に共通する特色を考慮しなければならない。特に重要なのは，新興国市場を特徴づける「制度のすきま」(institutional void)[5]という実態である。具体的には「市場情報の欠如」「不明確な規制環境」「非効率な司法制度」といった事象で，中国にも当てはまる。未熟な市場の残滓，市場運営の非効率性，政策決定の非公開などは，不完全な法秩序に由来する人治社会の結果である。クローニー（縁故）経済であり，人間関係がビジネスでも優先される。

参入障壁が高いことも指摘できる。特に最近の中国は自国企業を強烈に保護するようになっている。世界貿易機関（WTO）に加盟して20年近く経つが，自動車産業などで数多くの参入障壁が残っている。

加えて，独占禁止法を外資企業に対しては厳しく適用している。例えば，中国は日本の化学産業に対して強い圧力をかけている。独占禁止法が適用されると，一切の製造過程における価格の証明をしなければならないし，その製造過程の全ての資料を中国当局に提出しなければならない。そこには日本企業のノウハウが凝縮されている。当局に提出すれば，技術漏洩のリスクも高まる。

新興国ビジネスでは，米国の経営学者，クレイトン・クリステンセンが指摘した「イノベーションのジレンマ」というものもある。「品質が良いものが必ずしもよく売れるとは限らない」というジレンマだ。良いものが売れるのではなく，売れるものが良いもの，ということになる。これは中国市場における日本企業が陥り易い落とし穴でもある。売れないのは売り方に問題がある。市場の熟知が大きな経営戦略となる。

新興国に対する別のアプローチもある。米国の経営学者，イゴール・アンゾフによって提唱された事業拡大のマトリックス，「アンゾフの成長ベクトル」（図表3）である。この考え方は，まさに中国市場に適用できる。中国市場に進出した日本企業の中で，成功した企業に共通しているのは，どのようにして製品を売るかという現場に根付いたマーケティング戦略が優れている，という

18   第1章 「新時代の中国」における競争優位戦略

図表3　アンゾフの成長ベクトルの概念図

	既存	新規
既存	**市場浸透** • 市場占有率を高める • 購買の リピート頻度 　の引き上げ	**製品開発** • 魅力ある新製品の開発 • 製品のハード面と 　ソフト面の研究
新規	**市場開発** • 販売地域の拡大 • 幅広い年齢層への展開	**多角化** • 新製品による新規市場 　の創造 • 新規事業の展開

（出所）筆者作成

点がある。

3.2　中国では「シンプルで明瞭なルールを持った戦略」が必要

　新興国としての中国に対して，どのようにアプローチをすれば良いのだろうか。中国市場は巨大で，将来性に富み魅力的ではあるが，同時に急激な変化を迎え，先の見通しが立たず曖昧な構造にある。こうした市場では，従来の経営戦略が通用しにくいため，ニューエコノミーを分析するアイゼンハートとD・サルが強調するように「できるだけシンプルで明瞭なルールを持った戦略」[6]が必要である。

　彼らは，できるだけ単純なルールを適用することが望ましいとしたうえで，市場の混乱を避けるのではなく，敢えてその中に飛び込みビジネスの機会を捉え，有望な可能性に対して迅速な決断と対応を行うことが企業の競争優位の源泉であるとした。日本企業の中国市場における競争戦略のアプローチの1つとして，このような「シンプル・ルール戦略」は大いに参考となろう。

　「競争優位」の基本は「収益性と付加価値」にある。収益性とは競争相手に対してコストの面で優位に立つことであり，これを「コスト・リーダーシップ戦略」と呼ぶ。いかに低コストで品質の良い物を作るのか。現在の中国市場においては，この「コスト・リーダーシップ戦略」は容易ではない。中国企業がすでに安価な労働力を活用して，安くて品質の良いものを作っており，日本企

3. 中国市場への経営戦略的アプローチ　19

図表4　競争優位の源泉

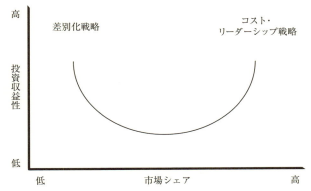

(出所) マイケル・E・ポーター『競争の戦略』(2008年) (ダイヤモンド社) p.66参照

業が彼らを上回るコストダウンすることは極めて難しいからだ。
　マイケル・ポーターの競争戦略（図表4）では，企業は競争相手より有利な「ポジション」に位置することが重要と説く。中国市場で「コスト・リーダーシップ戦略」の選択は難しいとなると，残るのは付加価値を高める戦略だ。付加価値を高める戦略では売り上げの拡大と差別化の問題が挙げられる。差別化にはデザインや技術をいかに向上させるかが問われる。中国市場での競争優位性の保持には，この「差別化戦略」が中心課題となる。

3.3　「企業価値評価」の達成が不可欠

　「コスト・リーダーシップ戦略」では市場シェアが高ければ高いほど収益が上がるが，差別化戦略では市場シェアが低くても高い収益性を見込むことができる。製品やサービスといったファクターに対して競争優位をどのように確立するのかが問われて来る。新時代の中国市場とは，「大衆消費社会」の様相を呈しており，そうした消費者行動の変化に対応した「差別化戦略」が有効である。
　以上のように，中国市場では「シンプル・ルール戦略」の適用が可能であり，競争優位戦略の再検討からは，「差別化戦略」が基軸になる。そこから考察される新しい経営の在り方は，「ブランド＋良い会社」の構築に向けた高次の競

争優位戦略である。

「ブランド＋良い会社」の構築を念頭に置いて，中国市場への経営戦略アプローチでは消費者や取引先，従業員，株主，または地域社会や環境保全をも含めた，いわゆるステイクホルダーの要請に対応しつつ，中国でも重視されてきた「企業価値評価」を達成しなければならない。

そうした条件を満たす新しい企業戦略の基軸の1つは，「企業のCSR（社会的責任）」とフィリップ・コトラーが提唱する「マーケティング3.0」である。中国市場の新しい時代に対応して，この2つの戦略のクロス・オーバーこそが，持続的成長を可能とする競争優位戦略を構築できるのではないかと考える。

4．中国におけるCSR戦略の重要性

なぜ，中国ビジネスにおいて，CSR戦略が重要なのだろうか。

今日の国際社会において，CSR活動は単なる法令遵守や環境対策，社会貢献だけに止まらない。社会的な諸問題の解決のみならず，企業の経済的価値の向上やイノベーション，社会から企業に期待される役割に対応することが，CSRの基盤となっている。社会から企業への期待はますます高度化し，積極的なCSR活動こそが企業価値の向上をもたらすと考えられている。経営戦略としてのCSRには，①企業の社会への影響に対する責任，②事業と社会的課題の両立が求められている。

CSRを巡っては，OECD（経済協力開発機構）や国際連合，ISO（国際標準化機構）などが国際的なフレームワークを策定してきた。OECDは早くも1976年に多国籍企業行動指針（「OECDガイドライン」と称する）を策定し，2011年には改正した。国連では「ビジネスと人権に関する指導原則」（Global Reporting Initiative）が2000年6月に出され，2013年に第4版が発行された。ISOは2010年11月に組織の社会的責任に関する包括的ガイドラインである国際規格ISO26000を定めた。

中国でも様々な経済分野において国際的な連携が緊密化する中で，CSRについても国際的なフレームワークを参照しながら導入する動きが始まった。その背景には，急速な経済発展がもたらした環境問題の深刻化や，経済発展のひ

ずみの拡大がある。2006年に公司法（会社法）の改正にあたり第5条（経済活動の原則）[7]に「社会的責任」を加えた。さらに2009年12月に中国社会科学院（CASS）の企業責任中心（CASS‐CSR センター）が「中国企業社会責任報告書編写指南」（CASS‐CSR 1.0）を発表し，中国独自のガイドラインを制定した。

　もっとも，中国企業の CSR 活動は寄付による社会貢献が多い。寄付さえすれば十分な社会的責任を果たしているとの認識で，CSR 活動を通じた具体的な社会的課題を理解していない企業も少なくない。

　一般的に CSR のフレームワークは3段階で高度化してきた。レベル1は基本的なもので，企業の経済的価値だけに重きを置き，市場に対する責任と企業内部に対する責任からなる。市場への責任とは雇用創出や利益の確保と株主配当，納税などであり，企業内部への責任とは法律の遵守や企業倫理，企業内規の徹底，良質の製品・サービスの提供である。

　レベル2は社会貢献も重視するもので，企業の社会的責任が強く問われる。社会貢献と環境保全が柱であり，社会貢献には寄付や公共活動への参加，地域活動への貢献，顧客満足度の向上が含まれ，環境対策は植林や清掃，自然環境への配慮などである。

　レベル3はより高い内容で，「高度な社会的価値」という考え方が基本となり，企業の経済的価値，社会貢献を包含する。グローバル対応や「自分らしさの創造」からなる。グローバル対応は，国際行動規範の尊重と実践や人権侵害への対応，サプライチェーン全体での取り組み，NPO・NGO への協力がある。自分らしさの創造とは，働きやすい職場環境や持続的な情報公開，ステイクホルダーとの対話，独自の企業文化の創出，新しいブランド力などがある。

　中国企業はレベル1と2にとどまっており，レベル3はまだ十分ではない。したがって，日本企業の差別化戦略構築もレベル3の実践がポイントとなる。

5．新しい競争優位戦略

5.1　マイケル・ポーターの「共通価値の創出」（CSV）

　米国の経営学者，マイケル・ポーターは，社会と企業は対立するのではな

く，双方に共通する価値を同時に拡大するという経営の考え方を，「共通価値の創出」（CSV：Creating Shared Value）と説明している。

　共通価値は「経済的価値＋高度な社会的価値」とあらわされる。CSVの方法としては，①製品と市場の見直し：新しい社会的ニーズの発掘や製品の再設計，流通手段の検討等新市場の可能性を探る，②企業のバリューチェーンの生産性の再定義：資源や安全等の社会問題への影響と製品コストの両方を勘案して，イノベーションを促進する，③企業が拠点とする地域を支援するための産業クラスター育成：地域の発展は企業の生産性，公正な市場，サプライヤーを高めるのに必要——という3点を提唱している。

　ポーターは，CSRとCSVを比較する上で，企業活動と社会の双方のメリットを考察し，企業の競争優位性を失わずに，社会的価値を持った企業活動をCSVと位置づけた。

　企業にとってCSR活動に対する予算や人員は限られ，長期的に企業活動として正当化するのは難しい。一方，CSVは企業独自の資源や専門性を活用し

図表5　マイケル・ポーターによるCSRとCSVの違い

	CSR	CSV
価値	価値は善行	価値はコストと比較した経済的便益と社会便益
理念	シチズンシップ，フィランソロフィー，持続可能性	企業と地域社会が共同で価値創出
行動の動機	任意或いは外圧	競争に不可欠・競争優位
事業利益との関係	CSRは事業利益最大化とは直接の関係にはない	CSVは社会的地位・経済的利益双方の最大化に不可欠
個別のテーマ	テーマは外部の報告書や個人の嗜好による	テーマは企業毎に異なり内発的
予算	企業業績やCSR予算の制限を受ける	企業の予算全体を再構成する
具体例	フェアトレードで購入価格引き上げにより地域農民の収入拡大	調達方法変更等で農作物の品質・収穫量ともに向上させ，地域農民も企業も同時に価値拡大
効果	CSR，CSVはどちらも法律倫理基準遵守及び企業活動での環境への悪影響を削減する効果あり	

（出所）マイケル・E・ポーター，マーク・R・クラマー（2011年6月）「共通価値の戦略」ダイヤモンド
　　ハーバードビジネス・レビュー，p.29

て社会的価値を創出することで経済的価値を生み出す。ポーターは社会的価値を求める要請は幅広く，企業が地域社会に投資する際にはCSRに代わってCSVを指針とすべきである，とする（図表5）。

5.2　中国市場とコトラーの「マーケティング3.0」

　企業活動と社会との関係をマーケティングの分野において考えてみたい。中国市場では「大衆消費社会」の到来により，マーケティングの価値も変化している。消費者のニーズや欲求を把握して，それを製品開発に活かすことがより一層求められている。市場ニーズへの適応を重視する考え方であり，「マーケット・イン」の時代と言ってもよい。

　同時に21世紀に入って，中国国内では環境汚染に加えて，食品や医薬品の安全性が重大な問題となってきた。企業は長期的な視点に立って社会を持続的に成長させていくために，環境や安全，健康などに関して特別に配慮した経営を考えざるを得なくなって来た。そうした「社会志向」のマーケティングのあり方は，競争戦略をより高次のアプローチへと変えようとしている。

　こうした中国市場の変化を把握するには，フィリップ・コトラーが2010年に提唱した「マーケティング3.0」の考えが有効である。コトラーは現在の市場は「価値主導の段階」とみる。著書の中で「社会や経済や環境の急激な変化や混乱に消費者はこれまで以上にさらされているからだ。（中略）マーケティング3.0を実行する企業は，そのような問題に直面している人びとに解決策と希望を提供するのであり，より高い次元で消費者を感動させるのである」[8]と指摘している。

　そこから導き出された「マーケティング3.0」には「3つのI」からなる要素が中心の概念である（3Iモデル）[9]。それは，① Brand Identity：自社の製品が消費者の心理の中でのどのような位置づけにあるのか，② Brand Integrity：消費者に対してブランドの誠実さどこまでアピールできるか，③ Brand Image：消費者の感情をがっちりつかむこと──の3点である。

　こうした「3つのI」は中国市場においても極めて重要である。その背景には，市場の膨張，食の安全はじめ社会的な課題の顕在化，さらにソーシャルメディアの発達がある。

6. 結びとして

6.1 CSVと「マーケティング3.0」のクロス・オーバー

　グローバル化と競争激化の波にさらされる中国市場にあって，日本企業の競争優位は必ずしも盤石ではなく，新たな競争優位戦略を構築することが喫緊の課題となっているとの問題意識で述べてきた。ここまでの考察をまとめてみると，日本企業の中国ビジネスのポイントは以下のような推論が導き出される。

　客体である中国市場は，今や「大衆消費社会」の様相を帯び，消費者行動の多様性は「モノの消費」から「コトの消費」に急速に変わろうとしている。日本企業がいま問われているのは，従来の「メイド・イン・ジャパン」が持つ良質のブランドイメージに加えて，消費者の価値創造に寄与して市場と社会の発展に貢献する「良い会社」という新しいイメージ作りである。「ブランド＋良い会社」の構築が中国市場の新しい時代に向けた競争優位戦略の重要な構成部分となる。

　しかし，中国市場は新興国市場を特色づける「制度のすきま」という構造があり，変化の激しい「ファースト・ムービング・マーケット」である。ここでは「シンプル・ルール戦略」の適用が肝要で，複雑な要素を組み入れる経営戦略は難しい。また，価格競争が極端に激しい中国市場では「コスト・リーダーシップ戦略」の採用も極めて困難であり，「差別化戦略」が基軸になる。

　そこで浮上するのがCSR戦略，並びに価値の創造と交換を目指すマーケティング戦略である。CSR戦略といっても従来の企業の経済価値と社会貢献のレベルにとどまっていては，同様の取り組みをしている中国企業が増加しているので差別化ができない。経済的価値に高度な社会的価値を生み出す新しい価値創造，CSVを実践することが必要である。CSVは企業と社会の双方が高いレベルの利益を得る事ができる，とする考え方である。

　マーケティング戦略では単なる「消費者志向」のレベルでなく，ともに社会的価値を創造していくものとして「マーケティング3.0」の採用が，高いレベルのブランド戦略に繋がり，それが高次の差別化戦略を生むことになる。

　そして，CSVと「マーケティング3.0」をミックス（クロス・オーバー）し

6. 結びとして　　*25*

図表6　CSV（共通価値の創出）と「マーケティング3.0」のクロス・オーバーの概念図

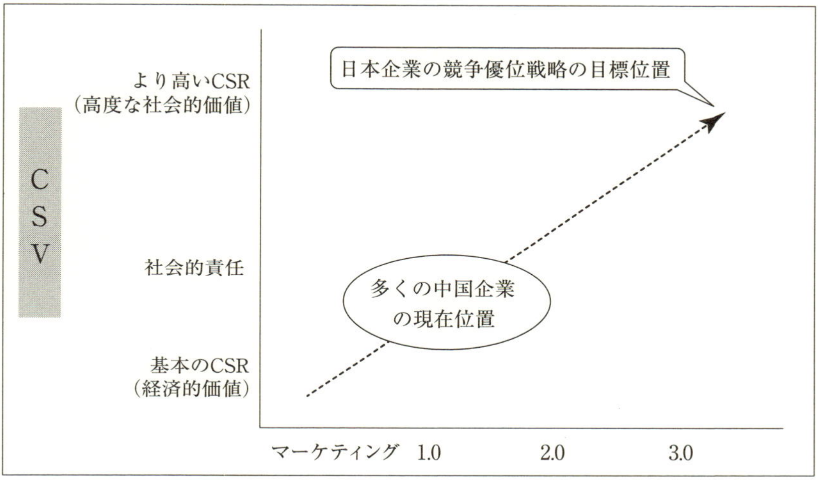

日本企業の競争優位戦略の目標位置

より高いCSR
（高度な社会的価値）

C
S
V

社会的責任

多くの中国企業
の現在位置

基本のCSR
（経済的価値）

マーケティング　1.0　　2.0　　3.0

（出所）筆者作成

たポジションに日本企業が目標位置を定めること（図表6）が，「新しい時代の中国」における，競争優位戦略になる。多くの中国企業はなお CSV のレベルまで到達しておらず，マーケティング戦略では「マーケティング1.0」や「マーケティング2.0」のレベルにとどまっているからである。

6.2　「持続可能な開発目標」にも合致

　CSV と「マーケティング3.0」のクロス・オーバーの根底は，言うまでもなく企業のビジネス成長と社会貢献にある。そのこと自体が，企業競争間の差別化であり，台頭する中国企業との優位性を明確にすることになる。同時に，この競争優位戦略はグローバル時代の地球規模の要請にも合致している。

　この競争優位戦略は「持続可能な開発目標」（The Sustainable Development Goals ＝ SDGs）と合致すると思われる。SDGs とは，2015年9月に国連が開催した「国連持続可能な開発サミット」において，150を超える参加国が採択した「我々の世界を変革する：持続可能は開発のための2030アジェンダ」（Transforming our world: the 2030 Agenda for Sustainable Development）での目標

26   第1章 「新時代の中国」における競争優位戦略

図表7　SDGsの17のゴール

ゴール	17のゴール
1	貧困の根絶
2	飢餓の消滅，栄養改善
3	健康な生活，福祉促進
4	質の高い教育提供
5	ジェンダー平等
6	水と衛生の確保
7	持続可能なエネルギー
8	雇用の促進
9	インフラ構築，イノベーション
10	不平等の是正
11	安全な都市，居住
12	持続可能な生産消費
13	気候変動対策
14	海洋・海洋資源の保全
15	陸の生態系の保護，森林経営
16	平和，法の支配
17	グローバル・パートーナシップ

（出所）国際連合広報センターの資料から筆者作成

である。2016年から30年までの開発目標であり，17のゴール（図表7）と169のターゲットから構成され，先進国，開発途国とも対象になっている。

　中国市場で活躍する日本企業もCSV，マーケティング3.0，そしてSDGsを意識して企業活動を活発化させる時代に入った。

［注］

1）日本貿易振興機構発行の各種資料による。

2）1989年の天安門事件により改革開放路線は一時停滞したが，鄧小平氏は92年1～2月，上海市や深圳市を視察し同路線の重要性を説いて回った。これを機に中国共産党は同年10月の党大会において「社会主義市場経済」を採択し，改革開放の加速を決めた。

3）United Nation Statistics Division, National Accounts Main Aggregates Database

4）OICA（http//www.oica.net/category/sale-statistics/）

5）タルン・カナ，クリシュナ・G・パレブ（2012）参照

6）キャサリン・M・アイゼンハート，ドナルド・N・サル（2001年5月）

7）中国会社法第5条（経営活動の原則）（JETRO翻訳版）「会社が経営活動を行うにあたっては，法律と行政法規を遵守し，社会公徳と商業道徳を遵守し，誠実に信用を守り，政府及び社会公衆の監督を受け入れ，社会的責任を負わねばならない。会社の適法な権益は，法律の保護を受け，侵害されない」。

8）フィリップ・コトラー（2010）p.18

9）フィリップ・コトラー（2010）p.62

［参考文献］

マイケル・E・ポーター（1985）『競争優位の戦略』（土岐坤他訳）ダイヤモンド社

マイケル・E・ポーター（1999）『競争戦略論Ⅰ』（竹内弘高訳）ダイヤモンド社

フィリップ・コトラー（2010）『コトラーのマーケティング3.0』（恩蔵直人監訳，藤井清美訳）朝日新聞出版

フィリップ・コトラー，フェルナンド・トリアス・デ・ベス（2003）『コトラーのマーケティング思考法』（恩蔵直人監訳，大川修二訳）東洋経済新報社

P・F・ドラッカー（2001）『マネジメント【エッセンシャル版】』（上田惇生編訳）ダイヤモンド社

タルン・カナ，クリシュナ・G・パレプ（2012）『新興国マーケット進出戦略』（上原裕美子訳）日本経済新聞出版社

クレイトン・クリステンセン（2012）『イノベーションのジレンマ』（玉田俊平太監修，伊豆原弓訳）翔泳社

大橋直子・小山諭・博報堂中国マーケティング研究プロジェクト（2008）『中国で成功するマーケティング』日本経済新聞出版社

江橋崇編著（2011）『東アジアのCSR』法政大学現代法研究所

沖大幹，小野田真二，黒田かをり，笹谷秀光，佐藤真久，吉田哲郎（2018）『SDGsの基礎』事業構想大学院大学出版部

川村雅彦（2015）『CSR経営パーフェクトガイド』ウィズワークス株式会社

近藤久美子（2017）『CSV経営とSDGs政策の両立事例』ナカニシヤ出版

笹谷秀光（2013）『CSR新時代の競争戦略』日本評論社

マイケル・E・ポーター，マーク・R・クラマー（2011年6月）「共通価値の戦略」ダイヤモンド ハーバードビジネス・レビュー

キャサリン・M・アイゼンハート，ドナルド・N・サル（2001年5月）「シンプル・ルール戦略」ダイヤモンド ハーバードビジネス・レビュー

キャサリン・M・アイゼンハート，ドナルド・N・サル（2013年1月）「複雑な時代のシンプル・ルール」ダイヤモンド ハーバードビジネス・レビュー

日本能率協会総合研究所中国市場調査室編（2014）『中国マーケティングデータ総覧2014』株式会社日本能率協会総合研究所

日中経済協会編『中国経済データハンドブック 2018年版』日中経済協会

中国社会科学院社会責任研究センター，陳佳貴，黄群慧，钟宏武他（2015）『中国企業社会責任 研究報告 十年の回顧と十年の展望2015』社会科学文献出版社（原文『中国企業社会责任研究报告（2015）十年回顾暨十年展望』（2015）社会科学文献出版社）

今津佳都子（2011）「中国におけるCSRの現状と日系企業に求められる今後の対応」TRC EYE Vol 270 東京海上日動リスクコンサルティング㈱

程 天敏（2014）「中国の大手企業の社会的任行動に関する実証分析——国有企業と民間企業の比較について」『中央大学経済研究所年報』（45）2014 p.563-592

イオン中国（2015）「CSRと持続可能性報告書」（永旺企业社会责任与可续发展报告 2015）

キヤノン中国（2014-2015）「キヤノン中国CSR報告書」（佳能（中国）企业社会责任报告2014-2015）キヤノンファクトブック（2016/2017）

トヨタ中国（2015）「2015-2016 企業社会責任（CSR）レポート」

松下中国（2015）「中国松下CSR報告書」（中国松下社会责任报告 2015）

国際協力機構中国事務所（2016）中華人民共和国『企業の社会的責任実践における企業と社会組織の連携 最終報告書』

第2章

米中関係と「中国製造2025」の展望
── 日本企業の新たな切り口に

名古屋外国語大学外国語学部中国語学科教授
真家陽一

◉ポイント

▶ 「中国製造2025」は念入りに準備され，策定された産業政策である。その背景には先端技術やIT関連の製品の多くを輸入に依存せざるを得ない貿易構造を改善し，安全保障上の観点からもこれらの国産化を急ぎつつ，産業高度化を図ることで「中所得国の罠」を回避したいという中国政府の思惑がある。

▶ 「中国製造2025」に基づく中国の「製造強国」への取り組みは，米国に強い警戒感をもたらした。数値目標を掲げながら，軍事転用にもつながる次世代通信規格（5G）の技術開発に力を入れることなどが不信感を招き，これが今日の深刻な米中の対立につながった一因と見られる。

▶ 日本企業にとって「中国製造2025」は，将来の新しい中国ビジネスの展開に向けた切り口でもある。米国との関係に留意しつつ，中国側との協業などを通じて，ビジネス機会を探ることが望まれる。他方で，中国側への技術流出や敵対的買収の危険性も常に意識し，知的財産の保護に努めることが大切だ。

◉注目データ　**米中貿易戦争の構図**

「中国製造2025」により「中所得国の罠」を回避しつつ「中国の夢」（中華民族の偉大な復興）を実現	⇔	実質的な狙いは「中国製造2025」による産業高度化（経済覇権）の阻止と安全保障上の優位性維持
経済・軍事的に対等に戦う力はなく，関税引き下げや輸入拡大策等で譲歩するが「中国製造2025」での妥協は難しいため「自力更生」を模索	⇔	知的財産侵害やサイバー攻撃を問題視。関税引き上げ等を通じて譲歩を迫る一方，国防権限法を根拠に，輸出や投資の規制を強化

米中ともに妥協の余地は限定的。落とし所は見当たらず
貿易戦争（経済戦争）は簡単に解決せず，長期戦は必至

（出所）各種資料を基に筆者作成

1. はじめに

　2018年に「改革開放40周年」，19年には「建国70周年」という節目を迎えた中国は現在，最大の貿易相手国である米国との間で貿易摩擦問題を抱えており，相互に追加関税を発動し合う「貿易戦争」のステージに突入している。対象品目には，半導体など多国籍企業のグローバル・バリュー・チェーン（GVC）に関わるIT関連製品も含まれているため，追加関税の発動は，米中企業のみならず関係国の企業にも打撃を与えつつある。

　本章は米中貿易戦争の問題を包括的に検討すべく，まず，世界経済における両国の位置付けと貿易・投資関係の実態を見ていく。次に，追加関税の発動を中心とした一連の米中貿易戦争の動向を概観するとともに，世界経済に及ぼす影響をGVCの観点から考える。その上で，貿易戦争の引き金ともなった中国の産業高度化政策「中国製造2025」の内容を確認し，その本質はハイテク産業と安全保障をめぐる大国間の覇権争いであることを検証する。

　これらを踏まえて，今後の焦点として，「技術開発競争」および「グローバル経済のブロック化」の問題を指摘し，最後に米中貿易戦争が激化する中での日本企業の中国ビジネスの方向性について考察することを目的とする。

2. 世界経済における米中の位置付けと貿易・投資関係の実態

　米中貿易戦争の問題の考察にあたり，まず世界経済における米中の位置付け，および両国の貿易・投資関係の実態を統計データ等に基づいて数字で客観的に把握しておこう。

　国際通貨基金（IMF）の統計を見ると，中国の経済規模が米国に迫っている状況がよく分かる（図表1）。1980年に米国の10.7％にすぎなかった国内総生産（GDP）は2000年代半ば頃から急激に比率を高め，2010年には40.5％と4割を超え，日本を抜いて世界第2位の経済大国に躍進。2014年には60.1％と6割を上回り，さらに2023年には79.4％と，約8割にまで上昇すると予測されている。最近では「トゥキディデスの罠」[1] を例に挙げて，「米中関係は不安定要

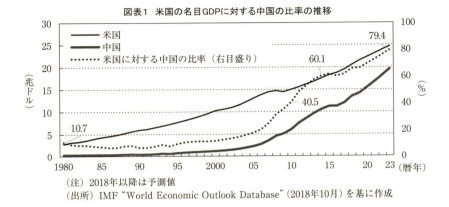

図表1 米国の名目GDPに対する中国の比率の推移

（注）2018年以降は予測値
（出所）IMF "World Economic Outlook Database"（2018年10月）を基に作成

因が増している」と指摘する向きもある。

2.1 国際貿易においては米中が2強

　米国と中国の貿易関係はどうなっているのだろうか。世界貿易機関（WTO）によれば，2017年の世界の貿易総額の国・地域別シェアは，トップは中国で11.5％，2位は米国で11.1％だった。3位はドイツで7.3％，4位は日本で3.8％となっており，世界貿易においては米中が3位以下を大きく引き離した「2強」ということになる。

　輸出入別に見ると，輸出は中国が12.8％で1位，米国が8.7％で2位（図表2）。中国は「世界の工場」として圧倒的な製品供給力を持つ。輸入は米国が13.4％で1位，中国が10.2％で2位（図表3）。米国は「世界の市場」として巨大なバイイングパワーを誇る。

　中国の税関統計から中国の2017年の貿易相手国・地域のシェアをみると，総額では1位が米国で14.2％，次いで日本が7.4％で2位。輸出も米国が19.0％で最も多かった。他方，輸入は韓国が9.6％で首位，以下，日本が9.0％，台湾が8.4％と続く。米国は8.4％で4位だが上位とのシェアは僅差である。貿易収支をみると，中国にとって最大の貿易黒字相手は米国で，金額は2758億ドルだが，これに統計には表れない香港経由の対米輸出も含めると，実際の黒字額はさらに拡大するものとみられる。

図表2　輸出の国・地域別シェア　　図表3　輸入の国・地域別シェア

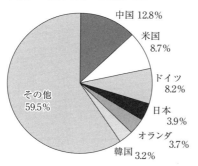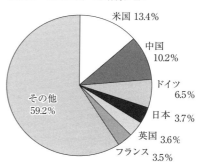

（出所）世界貿易機関のデータを基に作成

　世界貿易統計データベース（Global Trade Atlas）を基にHSコード4ケタベースで具体的な貿易品目をみると，中国の対米輸出品目は1位が電話機（スマホ等），2位は自動データ処理機械（パソコン等）で，この2品目が圧倒的に多い。他方，対米輸入品目は航空機，大豆，乗用車，集積回路（IC）の4品目が多く，いずれも年間100億ドルを超える。

　こうした製品を誰が主に販売しているのかと言えば，スマホやパソコンはアップルであり，デルやヒューレット・パッカード（HP）である。航空機はボーイングであり，大豆は穀物メジャー，乗用車はゼネラル・モーターズ（GM）やフォード・モーターということで，多くは米国企業である。米中貿易には「米米貿易」といえる側面もある。

2.2　世界の直接投資においては米国のプレゼンスが圧倒的

　直接投資における米中の位置付けはどうだろうか。国連貿易開発会議（UNCTAD）によれば，2017年末現在の世界の対内直接投資残高は，米国が7兆8070億ドルで第1位，中国が1兆4909億ドルで第4位となっている。中国商務省の統計で対中直接投資国・地域を2017年末の残高ベースで見ると，最も多いのは香港，次いで英領バージン諸島，日本の順で米国は5位。ただし，対中投資企業数を本社所在地別に見ると，香港，台湾，米国の順になり，米国のプレゼンスは大きく高まる。

中国に投資し進出している米国企業の収益状況は比較的堅調なようだ。中国米国商会（商工会議所）が毎年行っているアンケート調査「China Business Climate Survey Report」[2]によれば，2017年は回答企業の64％が「収益は増加」と回答し，「減少」と答えたのは7％に過ぎなかった。損益の状況は73％が「大幅な黒字」または「黒字」だったという。米国本土では知的財産権の侵害や巨額の貿易赤字問題ばかりがクローズアップされているが，米国企業は対中投資から着実に収益を得ていることがうかがえる。

他方，対中ビジネスリスクとして「一貫性のない規制解釈と不明確な法律」「労働コストの上昇」が多く挙げられた。最近では環境規制が強化され，違反すると企業の国籍を問わず厳しく罰せられることもあり，「コンプライアンス・リスク」が3番目に多かった。

UNCTADによれば，2017年末現在の世界の対外直接投資残高は，米国が7兆7990億ドルとダントツの1位，以下，香港，ドイツ，オランダの順で，中国は8位。対内・対外とも世界の直接投資においては米国が圧倒的なプレゼンスを保持している。

中国は米国に比較すれば，世界に占めるシェアは低いものの，近年は投資の受け入れだけでなく，対外投資を積極化している。中国側の統計によれば，投資先は香港やケイマン諸島などの地域を除くと，国別では米国が最も多く，対外開放戦略を推進する中国にとって重要な投資相手となっている。なお，中国の直接投資先は対内・対外とも香港や英領バージン諸島といったタックス・ヘイブンが多いが，大部分はこれらの地域を経由して第三国に投資しており，米国との実際の投資額は対内・対外とも統計上の金額を上回ると見られる。

3．追加関税の発動を中心とした米中貿易戦争の動向

米中は貿易・投資ともに依存関係を深めており，こうした中で，相互に関税を掛け合う貿易戦争の経済的な代償は両国にとっても大きいといえる。ここでは，米中貿易戦争をめぐる一連の動向を整理した上で，世界経済に及ぼす影響をGVCの観点から考えてみよう。

3.1 泥沼化の様相を見せる制裁措置の応酬

　米国政府は2018年3月23日，通商拡大法232条による国家安全保障上の脅威との判断に基づき，鉄鋼とアルミニウムにそれぞれ25％，10％の追加関税を課した。本措置は必ずしも中国だけを対象としたものではなかったが，中国政府は対抗措置として，4月2日より米国から輸入される果物やワイン，豚肉など128品目に追加関税を課した。

　その後，米通商代表部（USTR）は7月6日，1974年通商法301条（以下，301条）に基づく第1弾として，中国からの輸入品818品目340億ドル相当に25％の追加関税を発動した。対象品目で輸入額が大きい品目は，乗用車や磁気ディスクドライブなどのストレージ，液体ポンプ部品，プリンター用部品などだった。中国も同日，301条制裁措置への報復措置として，農産品を中心に545品目340億ドル相当に追加関税を発動した。そのうち，輸入額が大きい品目は大豆，乗用車などだった。

　続いて，米国は8月23日，301条に基づく第2弾として，279品目160億ドル相当に25％の追加関税を賦課した。主要品目としては，プラスチックや半導体，鉄道車両・部品，トラクターなどが含まれている。これに対し，中国も同日，333品目160億ドル相当に対して，25％の追加関税を課した。その内訳で，輸入額が多い品目は古紙，銅のくず，アルミニウムのくず，ランプホルダー，プラグおよびソケット，乗用車などとなった。

　さらに，米国は9月24日，301条に基づく第3弾の対中関税賦課を開始した。追加関税の対象は家具や家電など5745品目2000億ドル相当となった。追加関税率は2018年末までは10％，19年以降は25％に設定した。中国も同日，600億ドル相当の米国製品に5〜10％を上乗せする報復関税を実施し，対象は液化天然ガス，銅鉱など5207品目となった。

　米中貿易戦争がまさに泥沼化の様相を呈する中，アルゼンチンで開催されたG20首脳会議に合わせて，トランプ大統領と習近平国家主席が12月1日に会談。米国側の発表によれば，①技術移転の強要，②知的財産権，③非関税障壁，④サイバー攻撃，⑤サービスと農業——の5分野で協議し，90日以内（日時は米国東部時間2019年3月2日0時1分）に合意できなければ，2000億ドル分の追加関税率を25％に引き上げるとした。

他方，同日にはカナダ司法当局が通信機器大手の華為技術（ファーウェイ）の副会長兼最高財務責任者（CFO）の孟晩舟氏を米国の要請を受け逮捕した。孟副会長は12月11日に保釈されたが，米国は中国に対して，硬軟織り交ぜた揺さぶりをかけていることがうかがわれる。

米中首脳の合意を受け，2019年に入り，1月末，2月中旬と下旬に計3回の閣僚級貿易協議が実施され，構造問題に進展がみられたことなどから，USTRは3月5日，追加関税率を「次の通知があるまで」現行の10％とし，25％への引き上げ期限を延期すると官報で公示。貿易協議は事実上，延長して継続されることになった。

こうした中，米中貿易協議は合意間近とも見られていたが，トランプ大統領は5月5日，「中国が合意を壊そうとしている」と指摘した上で，強硬姿勢に転じ，制裁措置の応酬が再び始まった。USTRは5月10日，301条に基づく第3弾の対中関税賦課を，それまでの10％から25％に引き上げた[3]。

これに対し，中国の劉鶴副首相は5月10日，「中国は原則にかかわる問題では決して譲らない」と表明。国営通信の新華社によれば，中国は，①追加関税の合意後の即時撤廃，②米国製品の輸入規模の縮小，③協定本文での中国の主権と尊厳の尊重——を求めたとされる。中国は5月13日，米国原産の輸入品4545品目に対して，6月1日から追加関税率を最大25％引き上げると発表。本措置を，米国政府が5月10日に中国原産の輸入品に関する追加関税率を10％から25％に引き上げたことへの対抗と位置付けた。

また，USTRは5月13日，301条に基づく第4弾として，新たに対中輸入額3000億ドル相当の追加関税対象品目リスト案を公表した。3805品目に最大で25％の追加関税を課すとしており，ほぼ全ての中国製品が対象となる（医薬品や医療機器，レアアース，重要な鉱物などは対象外）。最終的な品目や追加関税率はパブリックコメントや公聴会を経て確定されるが，リスト案には，携帯電話やノートパソコン，玩具，ビデオゲーム機器などの消費財が含まれており，消費者に与える影響も大きいとみられている。

さらに，米国商務省は5月15日，ファーウェイと関連70社をエンティティー・リスト（EL）に加えると発表した[4]。ELに記載された事業体に米国製品を輸出・再輸出する場合は，事前許可が必要となるが，原則として不許可

36 第2章 米中関係と「中国製造2025」の展望

になるため，事実上，ファーウェイは米国製品の調達ができなくなった。

これに対し，ファーウェイは「制限は米国を一層安全にするものでも，米国を一層強大にするものでもなく，5Gネットワーク建設で他国に遅れをとることになるだけだ」とコメントした。

3.2　米中摩擦は貿易から投資という新たなステージへ

米中の摩擦は互いに輸入品に追加関税をかける段階から，さらに新たなステージへとエスカレートしつつある。2018年8月13日には米国で国防予算の大枠を決める「19年度国防権限法」が可決。同法に盛り込こまれる形で「外国投資リスク審査近代化法（the Foreign Investment Risk Review Modernization Act：FIRRMA）」および「輸出管理改革法（the Export Control Reform Act：ECRA）」を成立させ，政府は現在，実施に向けた作業を進めている。

FIRRMAは安全保障の確保を目的として，外国から米国への投資を審査する「対米外国投資委員会（Committee on Foreign Investment in the United States：CFIUS）」の権限を強化するもので，少額出資であっても，米国企業が保有する機密性の高い技術情報・システム・施設などへのアクセスが可能になる投資や，役員会への参加などが可能な投資を対象とするなど，外国企業による対米投資の審査はさらに厳格化される見通しである。

日本貿易振興機構（ジェトロ）が2018年10月，元米国財務次官補でCFIUS議長も務めたクレイ・ローリー氏を講師に招いて東京で開催したセミナーにおいて，同氏は「今回のCFIUSの権限強化の背景には『中国からの投資の急増』がある」との見解を述べ，中国企業との合弁企業を有している日本企業が今後対米投資を行う場合，CFIUSによる審査が厳しくなる可能性を示唆したとされる[5]。

FIRRMAによる主な制度変更が適用されるのは，財務省が実施に伴う規制整備などの準備ができたと官報で公示した日から30日，または法律施行日から18カ月後（2020年2月13日）のどちらか早い方に設定されている。なお，財務省は，航空機や半導体など27産業に関係する重要技術を扱う米国企業への外国企業による投資を対象として，FIRRMAの一部条項を先行実施するパイロットプログラムを2018年11月10日から開始している。

3. 追加関税の発動を中心とした米中貿易戦争の動向　*37*

　他方，ECRA は既存の輸出規制でカバーしきれない「新興・基盤技術（emerging and foundational technologies）」のうち，米国の安全保障にとって必要な技術を輸出規制の対象とすることなどを定めている。ジェトロが2019年1月，元米国商務次官補（産業安全保障担当）のケビン・ウルフ氏を講師に招いて，東京で開催したセミナーにおいて，同氏は「特定までの期限は決められていないものの，2019年夏の早い段階までに，何かしらの指針が商務省産業安全保障局（BIS）から示される可能性がある」と述べた[6]。また，ウルフ氏はECRA によって対中輸出規制が強化される可能性についても言及したとされる。

　FIRRMA および ECRA は，中国を念頭に置くとされるものの，規制の対象国に線引きはないとされており，その影響は中国以外の企業にも及ぶ可能性があることには留意する必要がある。

3.3　米中貿易戦争はGVC全体に打撃

　貿易や投資で相互依存関係にある米中の貿易戦争が，世界経済にどのような影響を及ぼすのだろうか。GVC の観点から考えてみたい。

　多くの企業の場合，近年の生産工程は1つの国だけで完結することは少なく，それぞれが GVC を構築して，国を跨いだ国際分業を行っている。特に先進国の企業は安価で豊富な労働力を持つ新興国への直接投資を行って工程間の分業を推進し，これが GVC を一段と発展させ，ひいては貿易を拡大させてきたのである。こうした構図の下では，現在の貿易統計が実態を表しているとは必ずしも言えなくなっている。

　その好例は，中国で最終組み立てされる米アップルのスマホ「アイフォン（iPhone）」だ。

　アジア開発銀行研究所（ADBI）の Yuqing Xing 氏と Neal Detert 氏が2010年12月に公表したレポート「How the iPhone Widens the United States Trade Deficit with the People's Republic of China」[7]によれば，2009年に中国から米国に輸出された「iPhone（3G）」の輸出額（20億227万ドル）のうち，付加価値ベースでみれば日・独・韓・米の企業が供給した部品コストが大半を占め，その規模は日本が6億7000万ドル，ドイツは3億2600万ドル，韓国は2億5900万ドル，米国は1億800万ドルだった。中国で発生した付加価値は組み立

図表4 iPhone (3G) のグローバル・バリュー・チェーン (GVC)

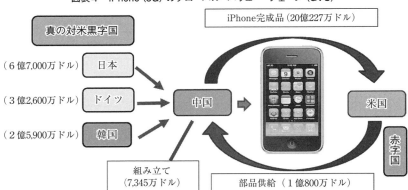

(出所) アジア開発銀行研究所「How the iPhone Widens the United States Trade Deficit with the People's Republic of China」(2010年12月) を基に作成

て作業の労働コストだけで、規模は7345万ドルに過ぎないという (図表4)。つまり付加価値ベースでみれば、米国の対中赤字は統計より少なくなり、米国が貿易赤字を抱える相手は日・独・韓の3カ国ということになる。

北京大学国家発展研究院の黄益平・副院長はこの点について、「対米黒字が減らないのは中国がGVCの末端にあり、世界中の製品が中国から米国に向かう構造になっているからだ」「米中貿易戦争はGVC全体に打撃を与え、影響は中国に部品を輸出するすべての国に広がる」と指摘している[8]。

4.「中国製造2025」の概要と米中貿易戦争

米中貿易戦争の引き金となったのが中国の産業高度化政策「中国製造2025」だ。ここではその内容について確認し、米中貿易戦争の本質について考察する。

4.1 米国が対中制裁措置を発動する目的とは

そもそも、米国が中国に対して制裁措置を発動する目的は何なのか。米国は301条に基づいて制裁を発動したが、2018年3月22日付で公表されたUSTRによる調査報告書は、「中国製造2025」において、中国企業が占めるべきシェア

の目標値を定め，政府が企業に資金援助を含めた政策面で支援していることを問題視している[9]。

　また，調査報告書は中国政府が，①技術移転を目的とした米国企業に対する中国事業の規制・干渉，②米中企業の市場原理に基づく技術契約締結の妨害，③中国企業による米国企業の組織的な買収指示，④米国のコンピュータ・ネットワークへの違法侵入への関与――などを行っていると認定した。

4.2　「中国製造2025」の概要と政策策定の背景

　米中貿易戦争の引き金ともなった「中国製造2025」について，その概要を見てみたい[10]。

　「中国製造2025」が策定された背景には何があったのだろうか。中国は1978年に改革開放路線への転換を打ち出してから，2ケタの経済成長率が続く高度成長の段階を2010年に終え，11年以降は伸び率が1ケタ台に低下する安定成長の段階に入っていた。こうした中で，「中所得国の罠」[11]という制約要因を克服して一定の経済成長を維持していくために，産業の高度化と生産性の向上という経済構造の改革を推進することが，必要不可欠となっていた。

　産業高度化に向けて，中国は2015年5月，政策実施のガイドラインといえる「『中国製造2025（中国製造業10カ年計画）』に関する通知」を公表し[12]，2025年までの10年間で製造業の全体的なレベルを大幅に引き上げ，「製造強国」の仲間入りを果たすことを目標として掲げた。

　公表した「中国製造2025」のガイドラインについて，苗圩・工業情報化相は「1，2，3，4，5・5，10」という表現を使って，そのポイントを説明している（図表5）。

　この説明のように，ガイドラインは3段階で製造強国を実現していくスケジュールとなっている。第1段階は「2025年までに世界の製造強国の1つに」，第2段階は「35年までに世界の製造強国の中位に」，そして第3段階は「建国100周年（49年）に世界トップに」なるというものだ。すなわち，中国が目指す最終的な理想像は世界トップの製造強国なのだが，この目標設定が後に米国を刺激することになる。そして，理想像にたどり着く過程の「第1段階」にあたる2025年までの具体策が「中国製造2025」である。ガイドラインは2020年，

40　第2章　米中関係と「中国製造2025」の展望

図表5　「中国製造 2025」のポイント

	項　目	概　要
1	1つの目標	製造大国から製造強国への転換を図り，最終的に製造強国を実現
2	2つの融合発展	情報化と工業化の高度な融合により製造業の発展をリード
3	3つの段階	1段階で10年前後の時間を使って目標を実現
4	4つの原則	①市場が主導，政府が誘導，②現在に立脚，長期に着眼，③全面的に推進，重点的に躍進，④自主的発展，開放強化
5・5	5つの方針	①イノベーション主導，②品質優先，③グリーン発展，④構造最適化，⑤人材重視
	5大プロジェクトの実施	①製造業イノベーションセンター，②スマート製造，③工業基礎強化，④グリーン製造，⑤ハイエンド設備イノベーション
10	10の重点分野	①次世代情報技術産業，②ハイエンド工作機械・ロボット，③航空・宇宙用設備，④海洋工程設備・ハイテク船舶，⑤先進的軌道交通設備，⑥省エネルギー・新エネルギー自動車，⑦電力設備，⑧農業用機器，⑨新素材，⑩バイオ医薬・高性能医療機器

（出所）国務院「『中国製造2025』に関する通知」，工業情報化省ウェブサイトを基に作成

25年における製造業の様々な数値目標も示している。

　重点10分野に指定されたものには，「次世代情報技術産業」に含まれる「集積回路」や「航空・宇宙用設備」に含まれる「航空機」など，中国が巨額の貿易赤字を抱える品目が目立っており（図表6），輸入依存を脱却して国産化を図りたいという，政府の強い意向がうかがえる。

4.3　米国はなぜ「中国製造2025」に刺激されたのか

　産業高度化を目指す政策はどの国にもあり，「中国製造2025」は必ずしも特殊な政策とは言えない。米国が最も警戒しているのは，「中国製造2025」により自国の主力産業であるハイテク産業が中国に追い付かれ，追い抜かれることであり，米国は中国の技術力向上を非常に恐れているといわれている。

　米国が指摘する通り，「中国製造2025」の中には，中国企業が占めるべきシェアの目標値が明記されている。2015年10月に公表された「『中国製造2025』重点分野技術ロードマップ」[13]では，重点10分野の細かい発展計画が盛り込まれている。例えば，産業用ロボットでは「2020年までに自主ブランドの国内シェアを50％，25年には70％以上」とある。重点分野の多くは軍事転用が可能であり，「中国製造2025」において「軍民融合による高度な発展を推進する」と記述され，軍の関与が明示されている点も米国を刺激したと見られている。

5．米中貿易戦争の今後の焦点　　*41*

図表 6　「中国製造 2025」における重点 10 分野の概要

重点分野	主な対象（一部抜粋）
次世代情報技術産業	集積回路（IC）および専用設備：国家の情報，サイバー空間の安全および電子機器産業の成長に関わる中核汎用チップ等
	情報通信機器：第5世代移動通信（5G）技術，超高速大容量インテリジェンス光転送技術等
	オペレーションシステム（OS），業務用ソフト：ハイエンド業務用ソフトウェアの中核技術等
ハイエンド工作機械・ロボット	ハイエンド工作機械：精密，高速かつハイパフォーマンス，フレキシブルな工作機械と基礎製造機械および統合製造システム
	ロボット：産業用ロボット，特殊ロボットおよび医療健康，家政サービス，教育・娯楽向けロボット等
航空・宇宙用設備	航空用設備：大型航空機，先進的な機上装備および機上システム
	宇宙用設備：次世代の運搬ロケット，重量物搬送装置
海洋工程設備・ハイテク船舶	海洋工程設備：深海探査，海洋作業向け安全保障用設備および主要システム・専用設備
	ハイテク船舶：液化ガス運搬船等
先進的軌道交通設備	先進的で信頼性，適合性のある製品の開発，製品の軽量化，モジュール化，系統化
	エコロジー性，スマート性の高い次世代の重量物搬送用高速軌道交通設備システム
省エネルギー・新エネルギー自動車	電気自動車，燃料電池自動車
	自主ブランドの省エネルギー・新エネルギー自動車を世界トップレベルに引き上げ
電力設備	ウルトラクリーン石炭プラントの実用化，水力発電・原子力発電ユニット，重量型ガスタービンの製造能力向上
	新エネルギー，再生可能エネルギー機器，先進的なエネルギー貯蔵装置，スマートグリッド用送電・変電機器
農業用機器	大口消費食糧，戦略的経済作物の主な生産プロセスで使う先進的な農業用機器を重点にハイエンドの農業用機器および主要中核部品の開発を強化
新素材	特殊金属機能素材，高性能構造素材，機能性高分子素材，特殊無機非金属素材，先進的な複合素材および軍民共用の特殊素材
バイオ医薬・高性能医療機器	革新的な漢方薬および独創的な治療薬物
	映像機器，医療用ロボットなどの高性能診断機器，生分解性血管内ステントなどの高付加価値医療消耗材，遠隔診療などの移動型医療機器

（出所）国務院「『中国製造 2025』に関する通知」より抜粋して作成

5．米中貿易戦争の今後の焦点

　米中の貿易戦争とは突き詰めると何なのか。それは良く指摘されていることだが，「ハイテク産業と安全保障をめぐる大国間の覇権争い」だろう。すなわち，経済力で存在感を高める「新興国・中国」と，その出鼻をくじこうと，なりふり構わずあがく「覇権国・米国」という構図が見て取れる。したがって，米中貿易戦争の今後の焦点の１つは，ハイテク製品に関わる技術開発競争の行

42　第 2 章　米中関係と「中国製造2025」の展望

方にある。ここではその代表事例として，半導体と次世代通信規格「5G」の動向を考察する。もう 1 つの焦点となるグローバル経済のブロック化の動向についても概観する。

5.1　半導体の国産化を急ぐ中国

　中国は半導体などハイテク製品の輸入依存度が高い。万が一，何らかの要因で輸入が停止した場合，安全保障上の観点からも大きな問題となるため，国産化は重要な政策課題となっている。実際に国有の通信機器大手，中興通訊（ZTE）は2018年 4 月，イランや北朝鮮に違法に輸出したとして，米国から米国企業との取引を禁じられる制裁措置を受け，スマホなど主力製品に使う半導体が入手できなくなり生産停止に追い込まれた。いわゆる「ZTE ショック」であり，まさに中国政府の懸念が現実のものとなった。

　「ZTE ショック」は，中国政府の危機感を強めることとなる。苗・工業情報化相は共産党機関誌「求是」の電子版（7 月16日付）に「コア技術攻略を強化し，製造業の質の高い発展を推進」と題する論文を寄稿した。論文は「コア技術攻略の強化は産業安全保障の大事な措置」と指摘した上で，「国民経済に関わるインフラや情報システムで，輸入チップ，ソフトウェア，制御システムを大量に使用しており，ひとたび『首根っこ』を押さえられれば，設備やシステムの安全・安定を保障することは難しい」と危機感を露わにしている。

　ここで言う「コア技術」は様々な産業分野で使われるハイテク製品に必要な技術を指すのだろうが，政府が最も重視するものの 1 つが半導体である。貿易収支でみると，2017年に貿易赤字額が100億ドル以上の品目の中で，最も赤字額が大きいのは集積回路（1929億ドル）で，2 位の乗用車（428億ドル）の4.5倍という規模だった（図表 7 ）。このため政府は国内の半導体産業を育成し，先進国に追いつき，赤字を解消することを目指している。例えば，国策半導体メーカー，紫光集団は NAND 型フラッシュメモリーの量産を始める計画と報じられており[14]，これは政府の意向を強く受けたものと見られる。

　国産化の動きを受けて，中国は年々，半導体製造装置の輸入額も拡大させている。仮に半導体製造装置も中国が国産化するならば，日本や米国にとって大きな脅威となりそうだが，いまのところ，その懸念はあまり大きくないようだ。

図表7 中国の主な貿易赤字品目（2017年）

（注）貿易赤字額が100億ドル以上の品目，ただし鉱物資源，農産品を除く
（出所）ジェトロ「世界貿易投資報告2018年度版」を基に作成（原典は中国貿易統計）

　日本の装置メーカーが中国に輸出する際は，最初に装置全体を日本で組み立て，それを解体し，中国で再度，組み立てている。半導体の歩留まりを高めるため，ユーザーとともに，装置を現地で再調整するためだ。メーカーの技術力の優劣はこうした装置のエンジニアリング力にも表れるのだが，この面では中国はまだ遅れているという。中国企業が例え部品を集めて製造装置を自前で組み立てられたとしても，歩留まり向上のための調整力には乏しいのだ。また，生産のオペレーションを担う技術者はいるが，トップレベルの研究者が不足しているため，半導体が産業として立ち上がるには時間がかかる，との見方もある。
　米国の半導体市場調査会社，IC Insights は，中国の半導体の国産化率について，今後は大規模な新規工場投資およびインテルやサムスン電子等の外国企業の現地生産の拡大により向上していくと見ている。ただし，そのレベルは「中国製造2025」目標の半分以下（2020年に40％，25年に70％の目標に対して，それぞれ17％，25％）にとどまるという[15]。
　中国側もこうした弱点は認識しており，基礎研究の分野に注力し始めている。今後，世界が次世代の半導体に移行するような新たな段階に入るとき，一気に追いついてくる可能性を警戒する向きもある。

5.2　5Gでは世界の最先端を目指す中国

　半導体と並び，注目されるのが「5G」だ。これは半導体とは異なり，中国が先進国を追い越すことを狙っている分野である。米中貿易戦争の背景には，中国に5Gの主導権を握らせないという，米国側の狙いがあるとの見方もある。

　中国は3G〜4Gの技術開発では出遅れたこともあり，早くから5Gの研究開発に着手してきた。このため，戦略は日本や欧米とは異なり，政府の支援のもと，豊富な資金や巨大な国内市場をベースにして，当初から5Gだけで単独運用できる「スタンドアロン（SA）型」を立ち上げ，世界に先駆けたサービスの実現を目指しているとされる。日本や欧米は初期投資を抑えられるといったメリットもあり，すでに整備された4Gのエリア内で5Gを一体運用する「ノンスタンドアロン（NSA）型」の採用を計画している。

　中国がSA型での5Gを推進する狙いは，その技術力が最も発揮される「超高信頼低遅延通信（URLLC）」の早期実用化にある。NSA型では自動運転や遠隔手術といったサービスは実現できず，URLLCによる5G特化のSA型が必須となるからだ。

　工業情報化省は2018年12月10日，中国の3大通信事業者，中国電信（チャイナテレコム），中国移動（チャイナモバイル），中国聯通（チャイナユニコム）に5Gシステムの中低周波数帯域試験のための周波数使用を許可したと正式に発表した。

　また，工業情報化省は2019年6月6日，中国電信，中国移動，中国聯通に放送行政を担う国家広播電視総局（広電総局）傘下でブロードバンドサービスを手掛ける中国広播電視網絡（中国広電）を加えた4社に5Gの免許を交付。これを受けて，各社は年内にも5Gの商用サービスを開始する運びとなった。

　仮に中国が5Gの技術で世界の最先端を行くことになれば，関連する技術やサービス分野でも先頭を走り，さらには軍事技術への転用も可能となる。そうなることを米国は最も恐れている。豪州政府は2018年8月，ファーウェイ，ZTEの5G参入を禁止したが，これは米中摩擦が激しくなる中，米国が水面下で豪州に働きかけたものとされる[16]。

5.3 懸念されるグローバル経済のブロック化

　米国と中国は世界第1位と2位の経済大国であり，GVC の中で，両国の貿易・投資は関係国も含めて複雑に絡み合い，相互依存も深まっている。こうした中で，米中貿易戦争が長期化すれば，その打撃は両国のみならず，世界中に拡大することは確実といえる。しかし，問題の本質は貿易不均衡の是正ではなく，次世代のハイテク産業と安全保障をめぐる大国間の覇権争いであるだけに，双方は簡単には妥協できないだろう。

　今後の焦点としては，「米中の技術開発競争」に加えて，「米中を中心としたグローバル経済のブロック化」が懸念される。トランプ政権は国防権限法を根拠に，ファーウェイ，ZTE，海能達通信（ハイテラ），杭州海康威視数字技術（ハイクビジョン），浙江大華技術（ダーファ・テクノロジー）を対象に，19年8月13日以降，この5社の製品やその部品を組み込んだ製品を政府調達から排除することを決定。20年8月13日以降は，5社の製品やサービスを社内で使用している企業も政府調達から排除する方針を打ち出している。

　日本経済団体連合会（経団連）の中西宏明会長は，「技術覇権の問題は関税の引き上げとは違った類いの争いだ。特にファーウェイについては，関連する企業への波及が出てくる。グローバル経済のブロック化が生じる。過去に米国はこういう手を何度も打った。日本経済の強みをどういう形でどう発揮するのか。高らかに宣言してやらないと変なことになる」と述べている[17]。

　今後，米国が各国の政府や企業に対して，どの程度まで同調するか否かの選択を迫ってくるのか，また，米国が中国への輸出・技術供与の制限や中国製品使用の抑制をどの程度求めてくるのか，について注視していく必要がある。

6．日本企業はいかに対応すべきか

6.1 「中国製造2025」に対応した日本企業の事例

　「中国製造2025」を通じた中国の産業高度化の動きに，日本企業はいかに対応しているのか。最近のビジネス事例をみると，①スマート製造，②グリーン製造，③次世代情報技術，④新エネルギー自動車といった分野で商機を模索する動きが見られる。以下，具体的な事例を見てみよう。

①スマート製造

　中国では人件費の上昇や生産年齢人口の減少を背景に，製造業の自動化・省力化が求められている。こうした中，日本の電機メーカーは「中国製造2025」の５大プロジェクトの１つであり，日本企業が強みを持つ分野でもある「スマート製造」に活路を見出そうとする動きが見られる。中でも，最も早く取り組んだ事例の１つとして挙げられるのが日立製作所である。「中国製造2025」のガイドラインが公表された半年後の2015年11月，北京市において中国政府や企業との交流，協力促進を目的にした「中国製造2025技術交流会」を開催した[18]。

　また，2018年８月には四川省と産業・流通，ヘルスケア，アーバン分野におけるデジタル化について協力していくことで合意した[19]。四川省は中央政府が定めた「中国製造2025」を受けて，電子情報や生産設備製造，先進材料など５分野とデジタル経済など新興産業を加えて「5＋1」現代産業体系の育成を掲げている。日立グループは省政府の方針を受けて，その育成に協力する構えであり，中央政府の意向を受けた地方政府の動きを捉えて，具体的な事業分野に参入しようとしている。

　同社は地方政府だけでなく，９月には大手IT企業，騰訊控股（テンセント）と戦略的提携することで合意した[20]。今回の合意に基づき，両社は長期的な提携関係のもと，スマートシティの構築や製造・物流分野のスマート化など，さまざまな事業分野でのIoT化に向けて，双方が有する技術・資源を活用し，新たな市場開拓に協力していく方針を示している。

　三菱電機はファクトリーオートメーション（FA）事業を切り口として「中国製造2025」に関与しようとしている。2015年12月，同社のFA統合ソリューション「e-F@ctory」を推進するための組織「e-F@ctory Alliance」の中国版を80社以上の中国企業とともに立ち上げた。

　2018年７月には政府直轄の研究機関，機械工業儀器儀表綜合技術経済研究所と「中国製造2025」の実現に向け協力するため，戦略的パートナーシップを締結した[21]。これに先立ち，17年には同研究所の中に「e-F@ctory」のコンセプトに基づいたスマート製造のモデルラインを設けており，多くの政府関係者が

視察している。戦略的パートナーシップはこうした協力関係をさらに強化するためのもので、今後は同研究所とAIの製造ラインへの適用を共同で検証することなどを計画している。

三菱電機も地方政府との連携を推進している。2011年、江蘇省常熟市にFA機器を生産する現地法人を設立した。16年には同市と戦略的パートナー契約を締結。市政府が17年7月に設立した「常熟グリーン智能製造技術イノベーションセンター」において、中国企業の製造現場のスマート化に貢献するため、企業コーナーのうち最大の面積を持つ「e-F@ctory」展示コーナーを開設した[22]。ものづくりのIoT化を推進し、製造業のスマート化に貢献する意向を示している。

富士通は2018年3月、国有大手企業の上海儀電集団とスマート製造に関するサービスを提供する合弁会社を設立した[23]。両社は、スマート製造分野において15年から協業を開始し、17年にはその枠組みを拡大するなど、段階的に協力関係を強化してきた経緯がある。合弁会社の設立は協業の新たなステージとして位置付けられており、上海儀電集団が持つ80年を超える製造現場で培ったノウハウと、富士通が持つICT（情報通信技術）を結びつけ、トータルソリューションを提供することにより、製造の最適化や工場の効率化、製造管理によるコスト削減の実現を目指している。

これらの事例は、いずれもアライアインスに至るまでの企業間交流が背景にあった。いわば「恋愛関係」が、「中国製造2025」を契機に「結婚」に結びついたものといえる。中国に進出した日系企業をみると、時間をかけて段階的に信頼関係を構築した事業はうまく行くケースが多いようだ。

②グリーン製造

中国では環境規制がますます強化される方向にある。多くの工場が環境基準を満たせずに停止や廃業を迫られるケースが相次いでおり、日本企業も例外ではない。ジェトロが2018年11月に公表した「進出日系企業に対する環境規制調査アンケート」は「環境保護規制が年々強化され、企業の事業環境にも大きな影響を及ぼすようになっている」と指摘。約10％の企業が「規制が厳しく事業の継続が困難」、6％の企業が「工場の移転を検討」などと回答した[24]。

こうした中，「中国製造2025」の5大プロジェクトの1つである「グリーン製造」の分野で豊富な経験，技術，ノウハウを有する日本企業のビジネスチャンスが拡大しつつある。東レは2019年4月8日，水処理膜製品の製造・販売を行う新会社を広東省に設立すると発表[25]。環境改善が急ピッチで進む中国で，急拡大する水処理膜のマーケットに早急に対応し，水資源問題の解決に貢献していく方針だ。

中小企業でも，産業用機器メーカーの西部技研（福岡県古賀市）が2019年1月23日，同県宗像市に中国で需要が高まっている排ガス除去装置などを生産する新工場を建設すると発表した。従来の自動車関係だけでなく，半導体や液晶メーカーからも引き合いが急増しているという。

景気減速を背景に，雇用確保のために環境規制を緩和しているとの報道もあるが，現地でのヒアリングによれば，それは「間違い」と見る向きが多い。2017年は地方政府が環境規制の目標を達成するために一律に地域全体の工場を停止するといった事例が横行したが，翌2018年は行政手続きに則って指導を行った上で，対応できない企業には生産停止を求めるというスタンスに変更したことが実情のようだ。事実，生態環境省によれば，2018年の環境処罰による罰金は前年比32％増の153億元に増加している。

米中貿易摩擦が激化する中でも，環境規制の強化は今後も続く見込みだ。日系企業が優位性を活かしつつ中国市場に新たな商機を見出していくことを期待したい。

③次世代情報技術

近年，中国企業は急速に技術力を高め，模倣大国から知財大国に転換しつつある。特に，第四次産業革命を担い，「中国製造2025」の重点10分野の1つでもある「次世代情報技術」の分野では，積極的な投資を行う中国企業が世界の最先端を走っており，新サービスが続々と登場している。また，中国の消費者も新サービスに対する受容性が高いとされ，シェア自転車，無人のコンビニエンスストアやレストランなど，新たなマーケットが短期間で形成されるケースも相次いでいる。

こうした中，日本の小売業の中には，先行する中国の次世代情報技術を積極

的に取り入れようとする動きが見られる。イオンは2019年4月10日，グループのITソリューション事業を展開するイオンアイビスと共同出資し，中国にて新会社「Aeon Digital Management Center」（以下，DMC）を設立した[26]。

同社は，デジタル分野において世界の先端を走る中国では，優秀なIT人材の採用や，先進的な大手IT企業やベンチャー企業との協業を推進する環境が整っていることから，経営戦略と店舗運営に密着したデジタルシフトを加速し，小売ビジネスに精通したIT人材を育成するため，中国でDMCを設立したとしている。

今後はグローバル展開に向けて，小売ビジネスに精通したAI，ビッグデータ分析などのIT人材を育成し，社外専門家，外部研究機関や先進企業との協業を通じて，デジタル経営ノウハウを蓄積。さらに，中国で開発したデジタルシステムの日本やASEANへの導入も視野に入れ，ITインフラの集中管理や，グローバルIT人材の育成も図っていく方針を示している。

中国企業の提供する新サービスにさまざまな不備があることを指摘する声もあるが，新規のビジネスモデルに取り組みやすい事業環境があることは事実だ。中国を次世代情報技術のいわば「実験場」として活用し，その成功モデルを日本を含めた海外へ展開するというビジネス戦略は検討する価値があるといえよう。

④新エネルギー自動車

中国では，2018年の新車販売台数が前年比2.8％減の約2808万台と28年ぶりの前年割れとなり，消費減速の象徴として取り上げられている。ただし，日系自動車メーカーの中国駐在員は「電気自動車（EV）などの新エネルギー自動車は大幅に伸びており，『マイナス』という言葉だけでは正しい理解ができないのではないか」と指摘する。

実際，「中国製造2025」の重点10分野の1つである新エネ車の2018年の販売台数は61.7％増の約126万台と急増し，自動車販売台数に占めるシェアは4.5％となった。中国政府は深刻な環境汚染を背景に，新エネ車の年間生産・販売台数を20年に200万台に増加させ，25年には生産・販売台数に占める割合を20％（約700万台）とする目標を掲げている。目標達成に向けて，一定比率の新エネ

車を生産または輸入・販売することを義務付ける規制も導入しており，その比率を，19年は10％，20年は12％以上にするよう求めている。

市場拡大や中国政府の規制を受けて，日系自動車メーカーも新エネ車の販売を強化しつつある。トヨタ自動車は2019年4月16日，上海国際モーターショーにおいて，「C-HR」／「IZOA」のEVを世界初披露。トヨタブランドとして中国初投入となるEVで，20年に販売開始を予定している[27]。

中国政府も旧型の排ガス規制対応車の買い替えへの補助金支給など，伸びしろのある新エネ車市場をてこ入れすることで，自動車市場の回復を図る方針を示している。景気減速というネガティブな側面が目立つ中国だが，それだけに目を奪われると，潜在的なビジネスチャンスを失いかねない。様々な情報をアンテナ高く収集し，新たな市場を開拓していくことが，中国ビジネスではますます重要になってくるだろう。

6.2 日本企業の中国ビジネスの方向性

米中貿易戦争が激化する中，日本企業は今後中国といかに向き合っていくべきであろうか。

第1に大切なことは，技術の先進性の維持である。中国が製造強国入りを目指して本格的に動き出す中，日本企業としても常に先行して研究開発をしていくことが，中国企業との競争におけるカギとなる。

総務省は日本のICT産業の国際競争力の強化に向けた測定指標として，2008年から「ICT国際競争力指標」を策定してきたが，15年実績分からはIoT社会の到来を背景に「IoT国際競争力指標」も公表している。2018年1月5日の公表によれば，日本の総合順位は15年に続き16年も2位となった（図表8）[28]。ただ，米国との差が拡大する一方，中国との差は縮小しており，日本企業の国際競争力が米中に比較して低下傾向にあることが懸念される。

第2は，優位性を持つ分野での市場開拓である。「中国製造2025」が掲げている重点分野には，産業用ロボットなど日本企業が優位性を持つ分野も多く含まれている。技術を必要とする中国の政府や企業とアライアンスを組みつつ，市場開拓を推進することがビジネスチャンスにつながる。

ジェトロが2018年3月7日に公表した「日本企業の海外事業展開に関するア

図表8　IoT国際競争力指標の推移

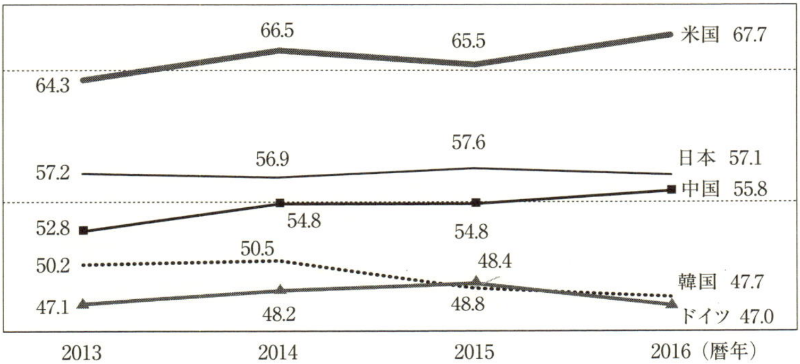

米国　64.3　66.5　65.5　67.7

日本　57.2　56.9　57.6　57.1

中国　52.8　54.8　54.8　55.8

韓国　50.2　50.5　48.4　47.7

ドイツ　47.1　48.2　48.8　47.0

2013　2014　2015　2016（暦年）

（注）指標は10カ国・地域の関連製品等のシェアと研究開発等の競争力を偏差値化して
　　　スコアを算出。50が平均値
（出所）総務省「IoT国際競争力指標（2016年実績）」を基に作成

ンケート調査」によれば，日本企業にとって影響が大きいデジタル技術はEC（電子商取引）が最多で，以下，IoT，ロボット，AI，3Dプリンター，フィンテック，ビッグデータの順位となったが，海外ビジネスにおける活用対象国・地域をみると，すべての技術で中国が首位となった[29]。第4次産業革命の中で，日中のイノベーション協力は双方にとって重要であり，中国の「新時代」における協力の深化を模索していくことも必要である。

　第3は，知的財産保護の強化である。製造強国への転換を急ぐ中国企業による技術獲得だけを目的とした敵対的買収を回避するなど，米国とも連携しつつ，技術流出の防止に努めることも重要となる。また，ジェトロのアンケート調査によれば，海外ビジネスを行う上での課題の中で「知的財産権の保護に問題あり」と回答した企業の割合は，国・地域別では中国が40.5％と最も高い結果となった。

　中国に進出する日本企業で構成する中国日本商会は，直面している課題解決のための建議を中国政府に対して取りまとめた「中国経済と日本企業白書」を2010年より発行しているが，知的財産権は常に共通課題となっている。18年版（18年6月20日発行）では「模倣巧妙化」を引き続き取り上げ，「保管・輸送時にはノーブランドもしくは別ブランドにしたり，摘発執行機関の勤務時間外で

ある夜間や休日に生産，輸送，販売等を行う等，摘発回避の手段も多様化が進んでいる」と指摘している[30]。

中国の知的財産侵害について，従来の模倣品問題はいまだ健在であり，しかも高度化かつ複雑化しているが，他方では急速に技術力を高める中国は，知財を戦略に活用しながら，「模倣大国」から「知財大国」，さらには「知財強国」への転換に向けて政策を推進していることには留意する必要がある。国務院弁公庁は2015年1月，「国家知的財産戦略の深化・実施に関する行動計画（14～20年）」を公表し，世界の工場からイノベーション主導型の知財強国を目指すべく，20年までの主要目標として，知的財産の創造レベル，活用，保護状況，管理能力，基礎能力の向上や改善を掲げている[31]。「中国製造2025」においても，市場の公平な競争環境を整備すべく，「技術市場の発展を促進し，知的財産権の創造，活用，管理，保護のメカニズムを整備していく」ことが謳われている。

政策支援もあって中国の特許出願件数が急増しており，世界知的所有権機関（WIPO）によれば，特許協力条約（PCT）[32]に基づく国際特許出願件数で，中国は2017年に日本を抜いて世界第2位となった（図表9）。WIPOは3年以内に中国が米国を抜くと予測している[33]。

米中貿易戦争の行方は不透明だが，日本にとって米中両国はともに経済的には重要なパートナーであり，基本的にはニュートラル（中立的）なスタンスを

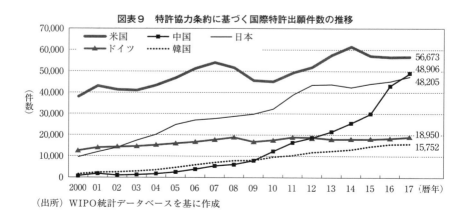

図表9　特許協力条約に基づく国際特許出願件数の推移

（出所）WIPO統計データベースを基に作成

6．日本企業はいかに対応すべきか　　*53*

保持すべきである。米国の味方も中国の味方もせず，国際ルール（WTO ルール）にのっとった対応を訴えていくことが肝要といえよう。

とはいえ，経済の理屈だけでは動かないのが政治・外交・安全保障の世界だ。米中を中心としたグローバル経済のブロック化が進展するようなことがあれば，日本企業は非常に難しい立ち位置を求められることも予想されるだけに，今後の動向を慎重に注視する必要があろう。

［注］

1）ギリシャの有名な歴史学者トゥキディデスは，古代ギリシャで台頭するアテネとそれを恐れる覇権国スパルタの間で戦争が起きたように，新興国は覇権国と必ず対抗し，戦いになる関係にあると指摘した。このように，覇権国と台頭する国の間に起こる対立や軋轢は「トゥキディデスの罠」と呼ばれる。

2）https://www.amchamchina.org/policy-advocacy/business-climate-survey/ で閲覧可能。

3）ただし，5 月10日より前に輸出された中国原産品は，米国の到着が 6 月 1 日より前まであれば，追加関税率引き上げの対象外とした。また，USTR は 5 月31日，この貨物の到着期限を延期し，「6 月15日より前までに米国に輸入されるもの」であれば，10％の追加関税率を適用すると発表。本延期措置は，米中間の海上輸送の時間などを考慮したものだとしている。

4）EL には，大量破壊兵器拡散の懸念がある事業体や米国の安全保障・外交政策上の利益に反する事業体が掲載される。EL へ掲載された事業体への輸出・再輸出においては，輸出管理規則（EAR）の許可例外が適用されない。

5）ジェトロ「ビジネス短信」2018年10月10日（https://www.jetro.go.jp/biznews/2018/10/503d6870f88a05f4.html）

6）ジェトロ「ビジネス短信」2019年 1 月31日（https://www.jetro.go.jp/biznews/2019/01/0459e2514471a727.html）

7）https://www.adb.org/sites/default/files/publication/156112/adbi-wp257.pdf で閲覧可能。

8）「日本経済新聞」2018年 8 月20日

9）報告書は USTR のウェブサイト（https://ustr.gov/sites/default/files/Section%20301%20FINAL.PDF）で閲覧可能。

10）「中国製造2025」の詳細については，真家陽一「産業高度化に向けた政策の潮流——国家戦略「中国製造2025」の動向」（服部健治・湯浅健司・日本経済研究センター編著『中国創造大国への道——ビジネス最前線に迫る』文眞堂，2018年 6 月）等を参照されたい。

11）発展途上国が低賃金という優位性を生かして高成長を続け，中所得国の水準まで発展した後，人件費の水準が高まる一方で，産業高度化が伴わず，国際競争力を失って経済成長の停滞が続く状態を指す。

12）通知の本文は中国政府のウェブサイト（http://www.gov.cn/zhengce/content/2015-05/19/content_9784.htm#）で閲覧可能。

13）国家製造強国建設戦略諮詢委員会のウェブサイト（http://www.cm2025.org/show-16-90-1.html）で閲覧可能。

14）「日本経済新聞」2018年 6 月 1 日

15）IC Insights "Without Technology, China's "MIC 2025" Results for ICs Likely to Fall Woefully Short of its Goals"（2017年 1 月31日）（http://www.icinsights.com/news/bulletins/Without-

Technology-Chinas-MIC-2025-Results-For-ICs-Likely-To-Fall-Woefully-Short-Of-Its-Goals/）

16）「日本経済新聞」2018年 8 月24日

17）「日本経済新聞」2019年 1 月 1 日

18）日立製作所プレスリリース（2015年11月24日，http://www.hitachi.co.jp/New/cnews/month/ 2015/11/1124.html）

19）日立製作所プレスリリース（2018年 8 月30日，http://www.hitachi.co.jp/New/cnews/month/ 2018/08/0830a.html）

20）日立製作所プレスリリース（2018年 9 月10日，http://www.hitachi.co.jp/New/cnews/month/ 2018/09/0910b.html）

21）三菱電機ニュースリリース（2018年 7 月 6 日，http://www.mitsubishielectric.co.jp/news/2018/ 0706.html）

22）三菱電機ニュースリリース（2017年7月11日，http://www.mitsubishielectric.co.jp/news/2017/ 0711.html）

23）富士通プレスリリース（2018年 3 月 9 日，http://pr.fujitsu.com/jp/news/2018/03/9.html）

24）ジェトロ「2018年　進出日系企業に対する環境規制調査アンケート」2018年11月（https://www. jetro.go.jp/world/reports/2018/01/e8c0dc2482a52c52.html）

25）東レ・プレスリリース（2019年 4 月 8 日，https://www.toray.co.jp/news/archive/index.html）

26）イオン・ニュースリリース（2019年 4 月 9 日，https://www.aeon.info/news/release_13792/）

27）トヨタ自動車ニュースリリース（2019年 4 月16日，https://global.toyota/jp/newsroom/toyota/ 27769563.html?_ga=2.190869290.1445293958.1560671617-1526965424.1560671617）

28）同指標の詳細は総務省のウェブサイト（http://www.soumu.go.jp/menu_news/s-news/ 01tsushin02_02000119.html）で閲覧可能。

29）同調査の概要はジェトロのウェブサイト（https://www.jetro.go.jp/world/reports/2018/01/1a4c 649d0721464c.html）で閲覧可能。

30）「中国経済と日本企業　2018年白書」は中国日本商会のウェブサイト（http://cjcci.org/cjecolist/ eco2018/）で閲覧可能。

31）計画の概要については，中国政府のウェブサイト（http://www.gov.cn/zhengce/content/2015-01/ 04/content_9375.htm）で閲覧可能。

32）特許協力条約（PCT: Patent Cooperation Treaty）とは，1 つの出願願書を条約に従って提出することによって，PCT 加盟国であるすべての国に同時に出願したことと同じ効果を与える出願制度。

33）世界知的所有権機関（WIPO）プレスリリース（2018年 3 月21日，https://www.wipo.int/ pressroom/en/articles/2018/article_0002.html）

［参考文献］

Yuqing Xing and Neal Detert, (2010) "How the iPhone Widens the United States Trade Deficit with the People's Republic of China", ADBI Working Paper Series, Asian Development Bank Institute, 2010年12月

国務院（2015）「『中国製造2025』に関する通知」2015年 5 月 8 日

国家製造強国建設戦略諮詢委員会（2015）「『中国製造2025』重点分野技術ロードマップ」2015年 9 月

商務部（2018）「中国外資統計公報　2018」2018年 9 月

商務部，国家統計局，国家外貨管理局（2018）「2017年度中国対外直接投資統計公報」2018年 9 月

The American Chamber of Commerce in the People's Republic of China（中国米国商会）（2018）「China Business Climate Survey Report」2018年 1 月

総務省（2018）「IoT　国際競争力指標（2016年実績）」2018年1月

日本貿易振興機構（ジェトロ）（2018）「2017年度日本企業の海外事業展開に関するアンケート調査」（ジェトロ海外ビジネス調査）2018年3月

日本貿易振興機構（ジェトロ）（2018）「ジェトロ世界貿易投資報告　2018年版」2018年7月

日本貿易振興機構（ジェトロ）（2018）「2018年　進出日系企業に対する環境規制調査アンケート」2018年11月

中国日本商会（2018）「中国経済と日本企業　2018年白書」2018年6月

真家陽一（2018）「産業高度化に向けた政策の潮流──国家戦略「中国製造2025」の動向」（服部健治・湯浅健司・日本経済研究センター編著『中国創造大国への道──ビジネス最前線に迫る』）文眞堂，2018年6月

真家陽一（2018）「米中経済の相互依存関係を踏まえた貿易戦争の現状と今後の展望」『CISTECジャーナル』2018年9月

真家陽一（2018）「経済教室・中国改革・開放の40年（下）」『日本経済新聞』2018年12月

真家陽一（2019）「新しい情勢下での日中の産業補完と企業連携の展開」（郭四志編著（『米中摩擦下の中国経済と日中連携』）同友館，2019年4月

UNCTAD（国連貿易開発会議）（2018）「World Investment Report 2018」2018年6月

苗圩（2018）「コア技術攻略を強化し，製造業の質の高い発展を推進」『求是』2018年7月16日

経済産業省（2018）「通商白書2018」2018年7月

第3章

中国の半導体・液晶産業の動向
── 量産化へシフト，最先端に迫る勢い

桜美林大学経営学研究科教授

雷　海涛

●ポイント

▶ 米中貿易不均衡の現状は，米国に強い不満をもたらしている一方，中国は国内の半導体需要の多くを海外に依存している。国産半導体の生産量を拡大し，技術の面でも先進国を追い上げることは政府の悲願であり，過去，何度も国産化推進策を打ち出したが，いずれも不発に終わった。

▶ 転換点となったのは，2014年の「国家集積回路産業発展推進綱要」の公布である。政府はこの中で国策ファンド（大基金）を通じた大規模な資金支援策を表明し，紫光集団などの大型投資の呼び水となった。全国各地で半導体工場の計画が相次いでおり，全てで量産が始まれば中国は世界有数の半導体大国となる。

▶ 液晶産業は生産能力ベースで世界市場の約3割を握るほどになっている。技術的にも最先端に追いつく勢いだ。政府の資金援助を受けて，京東方科技集団などのメーカーが積極投資を繰り広げている。

●注目データ☞　中国の12インチ・ウエハーの既存工場と建設計画

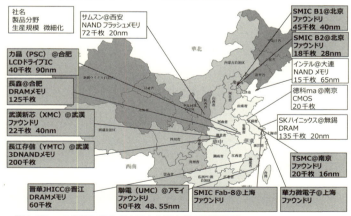

（注）グレーの塗潰し部分が中国か台湾企業の建設計画
（出所）図表4参照

58　第3章　中国の半導体・液晶産業の動向

１．対米摩擦の象徴となった電子産業～その現状を考える

　2018年に始まった米国と中国の貿易戦争は世界経済に深刻な影を投げかけている。その要因は様々だが，１つの象徴として中国通信機器最大手，華為技術（ファーウェイ）が話題となっているように，電子情報産業は両国の対立の大きなファクターである。本章は中国の電子情報産業の要である半導体と液晶産業に焦点を当て，中国の動向について分析するとともに，日本企業がそこに関与できるのか，ビジネスの可能性も考えてみたい。

２．中国の半導体産業の実力～海外に多くを依存，国産化は急務

2.1　世界の半導体市場の概要

　まず，世界全体の半導体産業の概況を見てみよう。電子情報技術産業協会（JEITA）の統計によれば，半導体を含めた電子情報産業の世界市場の規模は，2017年で約300兆円（２兆7400億ドル）にのぼる。自動車産業は約200～250兆円とされることから，それと比べると電子情報産業の市場規模がいかに大きいか，よく分かる。このうち，半導体など電子部品や液晶（ディスプレイ）は全体の28％，半導体に限れば約15％を占める。

　世界半導体市場統計によると，半導体市場は近年，右肩上がりで増え続けている。2017年には初めて4000億ドルの大台を超え，4142億ドルとなった。このうち，最も割合が大きいのはメモリー（記憶装置）で全体の３分の１，次はロジック半導体（演算装置）で４分の１を占め，そのほかマイクロプロセッサーやアナログ半導体などがある。

2.2　中国は輸入の方が大きい「貿易赤字」の状態

　世界の半導体市場において，中国はどのようなポジションにあるのか。IC（集積回路）を見ると中国の半導体市場は国産より海外からの輸入が占める割合の方が大きく（図表１），貿易赤字の状況にある。

　「世界の工場」である中国では，外資系企業も含めて半導体の需要は非常に

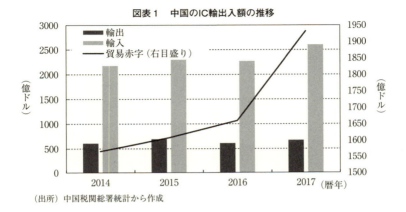

図表1　中国のIC輸出入額の推移

（出所）中国税関総署統計から作成

大きいが、2017年の統計では輸入額が2600億ドルに対して、輸出は670億ドルに過ぎず、約2000億ドルの貿易赤字だった。中国から見て、全ての産品を合わせた米国との貿易総額の黒字は、2017年が3750億ドルだった。中国は米国に対して多額の貿易黒字を維持しているわけだが、半導体に限れば中国は米国を含めた海外勢に、大きなアドバンテージを握られている。

中国政府はこうした半導体の多くを海外に依存する状況に、以前から強い危機感を抱いてきた。国産半導体の生産量を拡大し、技術の面でも先進国を追い上げることが、政府の悲願となっている。

2.3　国産化の歩み～黎明期は水平分業の波に乗れず

なぜ、中国は半導体国産化に遅れてしまったのだろうか。

1980年代に改革開放路線が本格化してから今日に至るまでの30数年間、政府は何度となく、優遇策や補助金を通じて、国内の半導体産業の育成を試みてきた。

その最初の取り組みは1990年代の後半に行われた。「半導体産業の確立」という目標が第8次～9次5カ年計画（1991～2000年）の中に盛り込まれ、その一環として、当時は世界の半導体産業をリードしていた日本勢とパートナーとして、NECとの半導体合弁会社「華虹NEC」などを設立した。

次は2000年代の初頭で、いわゆる「18号文件」（2000年6月に国務院が公布

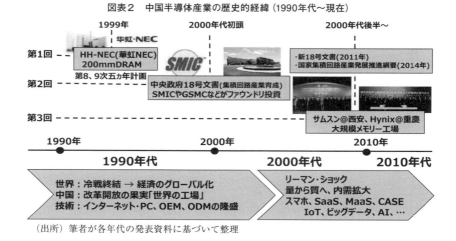

図表2　中国半導体産業の歴史的経緯（1990年代～現在）

（出所）筆者が各年代の発表資料に基づいて整理

した「ソフトウエア産業および半導体産業の発展の奨励に関する若干の政策」と題する行政文書）において「IC産業の育成」が掲げられ，SMICやGSMCといったファウンドリー（半導体受託生産会社）が立ち上がった（図表2）。

　しかし，これらの試みはいずれも政府が満足するような結果には至らなかった。最初の取り組みで華虹NECが設立されたころは，世界の半導体産業において「水平分業」が潮流となり始め，生産効率を高めた韓国や台湾勢が日本企業を急速に追い上げていた。しかし，当時の中国は改革開放路線が道半ばの状況であり，世界の動きにうまくついて行くことができず，パートナーに選んだ日本勢が主張する「垂直統合型」にこだわってしまった。

　2000年代初頭の時は，前回の失敗の反省から，政府も世界の水平分業の潮流に合わせて，ファウンドリーに特化しようとした。だが，①製造現場でのチームワークによる刷り合わせの能力に欠けていた，②資金や事業計画などでは国家の関与が大きく，世界の半導体市場の激しい変化に追いつけなかった——などの理由から，やはり中途半端な状況となってしまった。

　こうして国産化政策がうまく進展しなかったため，今日のようなICの多くを海外に依存する構造が生まれたわけだが，一方では2010年以降，草の根レベルで注目すべき動きも見られた。

半導体の設計分野においては、海外留学から中国に戻った若者らが起業し、携帯電話やテレビ向けなどの開発を始めるようになった。今では全国で半導体のデザインハウス（設計受託企業）が数千社の規模にまで膨らみ、そのうちのいくつかは国際的な競争力を持つ企業へと成長している。ファーウェイの子会社、海思半導体（ハイシリコン）は半導体設計を手がける有力企業の代表である。

2.4　2014年以降の動向～国策ファンドによる本格支援

今日、中国政府はハイテク産業育成策「中国製造2025」を設け、改めて半導体産業の国産化に取り組む姿勢を鮮明にしている。具体的には自給率の目標を2020年に40%、25年には70%にすると定めているが、目標達成は容易ではない。

米国の調査会社、IC Insightsの統計（図表3）によれば、2017年の中国の自給率は13.4%だった。同社の予測では2022年時点でも16.7%に過ぎず、目標とはかなりの開きがある。ただ、政府はこれまでになかった産業育成の手法により、目標達成を目指している。布石は「中国製造2025」の策定以前に、すでに打たれていた。

政府は2014年6月に「国家集積回路産業発展推進綱要（綱要）」を公布し、半導体産業の育成と発展目標を示した。

この時の主な目標は2020年までに、①国内の半導体メーカーを金額ベースで年平均20%成長させる、②線幅14～16ナノ（ナノは10億分の1）メートルレ

図表3　中国の半導体市場と国産規模の推移

（出所）IC Insightsから作成

62 第3章 中国の半導体・液晶産業の動向

ベルで量産能力を持つ，③関連する装置や材料を海外販売する――ことなど
で，さらに30年までに複数の国内企業が国際的にトップクラスの競争力を備え
る，としていた。

「綱要」で注目されるのは，目標達成のための具体策として国策ファンド（中
国語で「大基金」）を設け，企業の技術革新や業界再編などのために投資する
方針を打ち出したことにある。第1期（2015〜17年）の投資規模は2兆円を超
える規模とされた。ファンドを経由した産業育成の方法は，従来のような政府
が直接関与する度合いを弱め，市場に運営を任せる形への方向転換と言え，画
期的な試みとなった。さらには，大基金を1つの呼び水として，地方政府の投
資や民間資本も引き出し，国を挙げた半導体産業につなげようという狙いが
あった。

綱要の公布を受け，政府の中に半導体専門のプロジェクトチーム「国家集積
回路産業発展指導小組」ができ，このチームの下に国策ファンドである「国家
集積回路産業投資基金」が設けられた。基金の傘下には投資会社が置かれ，そ
こが投資計画を策定する。こうした取り組みは，中国の過去の半導体産業育成
ではなかったものであり，政府のIC国産化にかける強い思いが伝わってくる。

中央政府の動きに連動して，各地の地方政府も2014年以降，半導体産業への
投資計画を相次ぎ発表した。例えば安徽省合肥市は15年10月，100億元（約
1500億円）の投資基金設立を表明したほか，湖北省は15年8月，地元の工場向
けに300億元の投資を決めている。17年5月までに明らかになった地方政府の
半導体向け投資額は合計で3500億元にのぼると見られる。

2.5 全国に広がる半導体工場の建設ラッシュ〜国産化率向上へ

中国の半導体産業を水平分業の分野別にみると，最も競争力が弱いのが製造
の前工程（半導体ウエハー処理工程）である。先ほども触れたように，回路設
計を手がける企業はすでに全国に広がっているほか，封止や検査といった製造
の後工程においても，企業は育ってきている。したがって，国策ファンドの投
資も，もっぱら手薄な製造の前工程の強化に向けられている。2015年から17年
までの投資総額は1188億元だったが，うち65％は前工程向けだった。

国策ファンドと地方政府の投資が連動して，全国で前工程を手がける工場の

図表4　中国の12インチ・ウエハー工場と建設計画

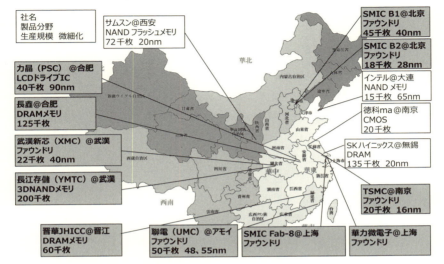

(注) グレー部分が中国か台湾企業の建設計画
(出所) 国家発展改革委員会「2017 戦略的新興産業発展望」から筆者作成

建設ラッシュが起きている。多くは2019年以降に量産が始まり，これにより半導体の国産比率も急速に高まっていく見通しだ（図表4）。

2.6　拡大路線の先頭を走る紫光集団～趙偉国・董事長のらつ腕

各地で相次ぐ大型投資案件の中で，最も注目されているのが紫光集団のプロジェクトだろう。同集団は元々，中国の名門，清華大学の傘下で生まれた企業である。2015年以降，国策ファンドの資金を引き入れ，国内外で半導体関連企業の買収や資本参加を繰り返して，急激に成長してきた。

紫光集団の拡大路線を率いてきたのが，趙偉国・董事長である。海外から見ると，趙董事長は半導体産業という舞台に突然現れた印象がある。実際に謎の部分も多く，また，彼の発言は過激なものが少なくない。例えば，2015年10月の国際フォーラムに出席した際，まだ半導体産業に参入したばかりの紫光集団について「技術やイノベーションはない。あるのは模倣ではないか」と言い放ったり，企業買収については「電撃作戦が必要」「買収後のマネジメントは

基本的にしない」などと発言したりしている。

　巨額の投資が必要となる半導体産業において，紫光集団が成長できたのは，巧みに資金調達を繰り返す趙董事長の手腕によるところが大きい，とされる。紫光集団のグループ内で半導体事業を手がけているのは同方国芯電子という企業である。上場企業である同方国芯は当初，清華大学系の別の企業グループにあったが，趙董事長はこれを紫光集団傘下に付け替えたうえで，2015年に同方国芯株の増発（第三者割当増資）を繰り返し，800億元という巨額の資金を手に入れた。株式の引き受け先の大半は清華大学傘下の複数の投資会社で，それらは国の優遇策を利用して，国有の金融機関などから購入資金を借り入れたと見られる。調達した800億元は米国企業の買収に利用する計画だったが，買収交渉が頓挫したことから，国内での投資に向けられることとなった。

　趙董事長は紫光集団に対する支配力も強めようとしている。紫光集団の株式は清華大学が51％，残り49％は趙董事長が経営する健坤投資集団という会社が握っていた（図表5）。2018年10月，清華大学の持ち分のうち36％分を深圳市の投資会社に譲渡し，現在は健坤投資集団が筆頭株主となっている。

　紫光集団は国策ファンドと地方政府から資金を引き出して，長江存儲科技

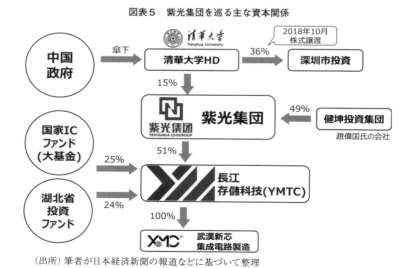

図表5　紫光集団を巡る主な資本関係

（出所）筆者が日本経済新聞の報道などに基づいて整理

（YMTC）を設け，NAND型フラッシュメモリーの量産を計画している。YMTCは傘下にファウンドリーの武漢新芯集成電路製造（XMC）を持つ。同社には2018年4月，習近平国家主席が視察に訪れ，国産化の重要性を強調し激励された。

2.7　先発企業からの技術，人材流出の疑い

　NAND型フラッシュメモリーの巨大メーカーとなりつつあるYMTCは紫光集団や政府から資金を得ている。では，最先端の技術はどのようにして入手したのだろうか。

　ある分析によると，YMTCが持つ技術は，元をただすと富士通に遡るとされる。富士通は米AMDと合弁で「スパンジョン」というメモリーメーカーを設けた。スパンジョンの本体はまだ米国で健在だが，日本法人は2009年に倒産した。

　富士通は3DのNAND型フラッシュメモリーの技術を持っており，それをスパンジョンに供与していた。スパンジョンはYMTC傘下のXMCと協力関係にあったため，富士通の技術はスパンジョン，XMCを経由して，YMTCに流れたのだと言う。これが真実なら，米国は間接的ではあるが，中国の半導体産業を支援したとも言える。また，サムスン電子が陝西省西安市で立ち上げた工場から，大量の人材がYMTCに流出したとの見方もある。

2.8　中国の量産で世界市場の構図に変化〜過剰能力の恐れも

　YMTCの工場は2019〜20年に量産を始める計画だ。NAND型フラッシュメモリーの世界市場は現在，日米韓3カ国の企業による寡占状態にあるが，中国でのプロジェクトが計画通りに進むと，市場の構図は大きく変わる可能性がある。

　世界市場のシェアはおよそ「韓国と米国が4割ずつ，日本が2割」。YMTCが本格的に量産するようになると，「韓国と米国が3割ずつ，中国と日本が2割ずつ」，あるいは「韓国は4割，米国が3割，中国，日本が1割」となることが予想される。

　中国では，1社が成功すると他社がこぞって同じ分野に参入して過当競争に陥り，価格崩壊から共倒れになる，といったケースが，これまで様々な産業（DVDプレーヤー，LED照明など）で繰り返されてきた。

半導体も同様の懸念がないわけではない。中国の半導体産業に詳しい魏少軍教授・清華大学微電子研究所所長は今後の見通しについて、「国内の需要は12インチ・ウエハー換算で月100万枚規模だが、国内の供給力は数十万枚の規模しかない。すぐに生産過剰にはならないが、YMTCクラスの大型工場が今後、続々と建設されるようなことがあれば、供給過剰となることもありうる」といった趣旨の発言をしている。

半導体の需要は現在、スマホ向けが中心となっている。世界市場における中国ブランドのスマホのシェアは30〜40％であり、その大半は中国で生産される。次世代通信規格「5G」のサービス開始を控えて、今後は、大容量メモリーや高精細表示デバイスのニーズが高まることが予想される。さらに中国では、自動運転やコネクティッド化が進む自動車向けの半導体需要も増えよう。このため、中国は過剰能力の懸念があったとしても、当面は国内の旺盛な需要を賄うために、積極投資によって半導体の国産化を止めることなく推進していく状況にある。

2019年6月時点で、米中間は貿易戦争の状態に入り、ファーウェイに対する禁輸措置が打ち出されるなど、米中両国に留まらず世界範囲のサプライチェーンに多大な影響をもたらす懸念が強まっている。中国の半導体産業へのマイナスのインパクトは、立ち上げ中の最先端製造（川上の部分）と、スマホの減速などによる供給側（川下の部分）の両面に及ぶと予想している。しかし、前述のように中国半導体の国産化の動き（海外依存の脱却）は、短期的な影響があったとしても中長期的には推進されることには変わらないと思われる。

3．世界の最先端に追いつきつつある液晶産業

半導体の次に、中国の液晶産業について考えたい。液晶は米中摩擦の中ではあまり問題視されていない。米国がほとんど生産していないからで、中国は世界市場で着実にシェアを高めつつある。生産能力で見ると、2015年は中国の世界シェアは23.8％だったが、17年には35.7％にまで高まった。調査会社WitsViewの予測では20年には5割近い48.3％になるという。メーカーとしては、最大手の京東方科技集団（BOE）や華星光電（CSOT）、恵科電子（HKC）

など有力企業が育っている。

3.1 加速する最先端工場の建設

　中国企業が液晶事業に本格参入したのは2005年ごろで，当時は日本や韓国勢が第5世代（1100ミリメートル×1250ミリメートル）のパネルを主流に市場を握っていた。中国勢が扱うパネルは2世代以上遅れていた状況だったが，最近では主流の8.5世代より1世代遅れのレベルまで追い上げてきた。19年以降は最先端を走る韓国勢と肩を並べそうな勢いにある。

　最先端工場の建設も加速している（図表6）。BOEが合肥市に第10.5世代の工場を設けたのを皮切りに，CSOTやHKCも広東省深圳市や河南省鄭州市などで計画中だ。スマホや家電メーカーなどのユーザーに近いなどの理由から，工場立地は華東，華南地区に集中しているのも特徴の1つである。

　各社は液晶だけでなく，最新鋭の有機EL工場の建設にも積極的だ。四川省や重慶市，湖北省，広東省などでプロジェクトが立ち上がっている。有機ELはまだ市場が小さく，品質が安定しない面もあるため，将来の市場性は読みき

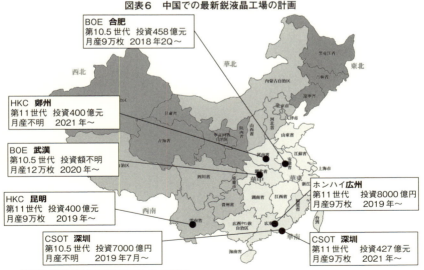

図表6　中国での最新鋭液晶工場の計画

（出所）筆者が中国内報道に基づいて整理

れない。中国勢の投資はやや過熱気味の感じもある。

　液晶も半導体と同様に多額の資金が必要で，一方では市況が激しく変動するため収益の波が大きい。企業にとってビジネスリスクは大きいが，それにも関わらず，BOE など各社は大型投資を繰り返している。果たして経営は大丈夫なのかと，疑問視する向きは少なくない。

　液晶事業の拡大策を支えている１つには，多額の補助金がある。例えば，BOE は四川省で有機 EL 工場を建設した際には，465億元という総投資額のうち約400億元は地元政府が主に負担したという。仮にこの工場が失敗すれば，地元政府が多額の不良債務を背負うことになる。

　各社がいかに技術を確立したのかも，半導体と同様に注目される点である。先発メーカーからの技術流出の疑念は常に噂されている。最近では，サムスングループの有機 EL の技術が BOE など中国企業に流出した疑いが浮上し，韓国の検察当局が関係者を起訴したと報道された。当面の間，液晶同業間の競争が激しくなるとともに，業界の再編や技術の獲得競争が一段と活発化になることが予想される。

4．日本の半導体産業はいかに中国と向き合うべきか

4.1　衰退する日本の半導体メーカー

　最後に，日本の半導体産業がいかに中国と関わるかを考察したい。

　周知の通り，1990年代以降，日本の半導体メーカーは衰退の一途を辿っている。

　世界半導体メーカーの売上高トップ10（図表７）の変遷を見ると，1980〜90年代では日本企業は約半数を占めていた。1990年代後半から上位から次々と後退してしまい，2017年には東芝１社のみが残った。その東芝も2018年6月に主力のメモリー事業を，米ベインキャピタルなどの日米韓企業連合に約２兆3000億円で売却し，純粋な日本の半導体メーカーは上位10社から完全に姿を消すこととなった。

　衰退の要因については既に多くの報道や分析がされている。1990年代の日米貿易摩擦における米国の圧力，韓国や台湾勢の追い上げによる日本企業の地盤

図表7　世界半導体メーカーの売上高トップ10の変遷

順位	1981年	1991年	2001年	2017年
1	TI	NEC	Intel	Samsung
2	Motorola	東芝	東芝	Intel
3	NEC	Intel	ST	SK ハイニックス
4	Philips	Motorola	Samsung	マイクロン
5	日立製作所	日立製作所	TI	ブロードコム
6	東芝	TI	NEC	クァルコム
7	NS	富士通	Motorola	TI
8	Intel	三菱電機	日立製作所	東芝
9	松下電子工業	松下電子工業	Infineon	NXP
10	Fairchild	Philips	Philips	エヌビディア

（出所）筆者整理

沈下，さらには日本のメーカー同士の統合や合併の失敗（エルピーダ，ルネサスなど）が挙げられる。

4.2　日中協業の道

　日本と中国のそれぞれの現状を整理した上，日本企業の立ち位置と中国との協業の道について考えてみよう。

　図表8に示したのは，日本と中国の半導体製造の各段階における現状の比較である。この表から分かるように，日本のメーカーは残念ながら，製造装置以外は厳しい状況にあると言わざるを得ない。こうなった主な要因は，韓国や台湾勢の台頭と国内再編の不調によるものとされるが，背後にはもっと根深い要因がある。浮き沈みが激しい半導体業界において，どの製品（半導体部品の提供先）に賭けるか，また当たらない場合はどうリカバリーするか。いずれも技術の問題だけでなく，マーケティング手法，もしくは経営の判断が問われるものである。

　こうした状況の中，韓国や台湾勢に加えて，中国企業が今後1，2年の間に量産体制を整えれば，日本企業の優位性はさらに低下するだろう。ただ，日本勢にも有望な分野は残されている。図表8には挙げていないが，スマホのキーデバイスであるイメージセンサー（ソニー）やSAWフィルター（SAW: Surface Acoustic Wave，複数の電波をとらえるのに使う部品。村田製作所）はいずれも世界シェアが50％を超える。5GやIoT，自動運転などの分野において欠かせない存在である。

70　第3章　中国の半導体・液晶産業の動向

図表8　日中半導体（IC）の現状比較

		中　国	日　本
半導体 製造装置	半導体素材	海外依存	信越化学，SUMCO
	半導体製造装置 前工程	海外依存	東京エレクトロン 日立ハイテクノロジー SCREEN ホールディングス
	半導体製造装置 後工程	海外依存	ディスコ，アドバンテスト 東京精密
半導体 設計	設計 ファブレス	ハイシリコン：スマホ CPU 展訊通信：スマホ CPU	苦戦（存在感が薄い）
半導体製造 前工程	前工程 ファウンドリー	SMIC：28nm→14nm TSMC：16nm	28nm 以降は海外依存
	前工程 メモリー	YMTC：3D NAND 晋華集成回路：DRAM	東芝メモリ（事業売却）
半導体製造 後工程	後工程	長電科技 天水華天	海外依存

（出所）筆者整理

　5Gなど次世代システムは無数の部品（ハードウエア）とソフトウエアから成る複雑系で，1社単独で開発するのは困難である。そこで，如何にしてセットメーカー（スマホや自動車の製造と販売を行うメーカー）をつかむかが，半導体メーカーの勝負になる。

　世界の工場と世界の市場の両方を兼ね備えるのは，中国の最大の強みと言える。最先端の半導体工場が建設ラッシュとなる中，日本勢の姿が見られないのは残念でならない。

　海外市場への進出判断は様々な要素が絡んでおり，簡単に下すことができない。一方，これまで述べてきたように，現状と立ち位置をよく確認した上，事業の成長性を見据えて判断する必要であろう。

［参考文献］

岸本千佳司（2015）「台湾半導体産業におけるファウンドリー・ビジネスの発展」公益財団法人アジア成長研究所，Working Paper Series Vol.2015-08

呉菲，谷光太郎（2005）「中国半導体産業の政策について」（「中国国務院『国発［2000］18号文書』」を中心に）大阪成蹊大学現代経営情報学部研究紀要，第3巻第1号

邵永裕（2018）「中国半導体産業の発展成果・課題と将来展望」みずほ銀行，みずほチャイナマンスリー，2018年8月号

鈴木勝ほか（2016）「先進国を目指す中国企業との協働のあり方」みずほ銀行産業調査部，みずほ産業調査2016 No2

〈BOX：中国最大の強みは世界の工場と世界の市場の両輪〉

　米中の貿易戦争を巡っては，どちらに軍配が上がるかといった論評が数多くなされた。ここでは単純な勝ち負けではなく，電子産業における中国の実情と実力を冷静に分析し，今後の行方を考察してみたい。

　2018年の世界のスマホ市場を見ると，シェア上位5社のうち中国勢は3社（ファーウェイ，OPPO，小米）が入っている。そのシェアは合計で31.5％となり，アップルの2倍，サムスンの1.5倍である。世界市場でこれほどの地位を占めているというデータは，中国メーカーが製造だけでなく，マーケティングの分野まで大きな主導権を握っていることを示すものと言って良い。また，日本企業を含めた多くの電子部品メーカーが中国に部品を供給しており，中国を軸にして，世界規模のサプライチェーンが形成されている。

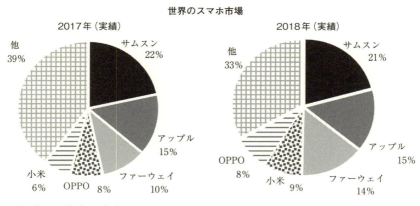

（出所）IDC集計から作成

　米中摩擦において，次世代通信規格「5G」を巡る熾烈な争いが外交や安全保障の次元まで発展している。現世代のスマホの状況を考えると，「そう遠くない将来，中国に負けてしまう」という米国の懸念は理解できなくはない。しかし，中国製品を一方的に排除するようなやり方は，中国のみ

72 第3章 中国の半導体・液晶産業の動向

ならず部品メーカーにまで影響が及び，世界範囲のサプライチェーンでのダメージになりかねない。いわゆる「勝者無し」の戦いである。

関税引き上げや排除を繰り返す以外に，もっと良い解決案はないものか。互いに知恵を出す必要があろう。

中国は半導体（IC）の輸出入では大きな貿易赤字を抱えており，短期間に解消できない。それは米国や日本はまだ大きな強みを持っていることを意味する。中国は更なる市場の開放を進めるとともに，公平かつ公正な競争環境を作り上げる努力をする一方，米国は特定の製品を排除するのではなく，協力と補完の精神をもって，互恵関係を築くことを期待する。

第4章

変化する中国のデジタルビジネス
―― ネットからリアル世界の競争へ

NTT DATA 経営研究所シニアスペシャリスト
岡野寿彦

◉ポイント

▶ 中国デジタル革命の牽引役であるアリババなどプラットフォーマーは，マッチングの促進により企業と消費者を結び付け，社会の「困りごと」を解決することで急成長してきた。例えば，アントフィナンシャルは①アリペイによるデータ収集②余額宝等の金融商品③信用体系とリスク管理体系④クラウド等技術基盤――の4層が連携し，信用創造により更なる取引を喚起するビジネス生態系を形成している。

▶ 中国政府は新たな経済の成長エンジンとして「インターネットプラス」を重要政策とし，「先ずはやらせて必要に応じて規制する」という方針の下で企業を育成してきた。政府の政策支援によるイノベーションとして，サービス受益者の拡大や信用スコアに基づく相互監視型サービスなどが生まれた。

▶ 最近の動向として，ネット取引のパイは飽和状態にあり，プラットフォーマー間の競争は「ネットとリアルの融合」が主戦場になっている。競争のポイントも「消費者と企業とのチャネルづくり」から，エコシステムを総動員した製品・サービス競争へと移行しつつある。そうした中で，彼らは戦略と組織マネジメントの整合性をどう取るかなどの課題を抱えており，日本企業の事業機会につながる可能性もある。

◉注目データ　主要国のB2CのEC市場のポテンシャル

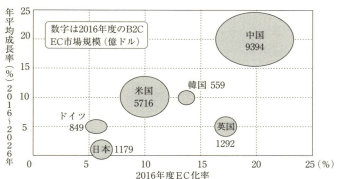

（注）EC化率とは小売り業界でネットを通じモノが消費される比率
（出所）「通商白書2018」に基づいて筆者作成

1．中国のデジタル革命の「全体観」

中国において，IT（情報技術）産業とそれがけん引するデジタルビジネスは，企業戦略や中国政府の政策，市場・社会環境などが絡み合って，すさまじい勢いで発展し変化している。

例えば，スマホとネット決済の普及等によりEC化率（小売業界においてネットを通じてモノが消費される比率）は，既に世界トップの水準にある。

こうした動きを客観的に理解するためには，個別の事象を追うだけでなく，「全体体系」を把握したうえで，「要因間の因果関係」と「変化の構造」を分析することが重要である。本章は中国のデジタル革命の状況とそれがもたらす経済の変化，日本企業はいかに対応すべきかを考えていくが，まず，冒頭で急速な変革の「全体体系」（図表1）を俯瞰しておきたい。

1.1 デジタル革命の背景～プラットフォーマーの成長

デジタル革命の担い手は「BAT」と呼ばれる百度（バイドゥ），アリババ集団，騰訊控股（テンセント）などのプラットフォーマー[1]である。彼らは社会の「困りごと」をデジタル技術の活用により解決し，急成長してきた。

「困りごと」とは，例えば，中国では既存の銀行が消費者の決済や中小企業

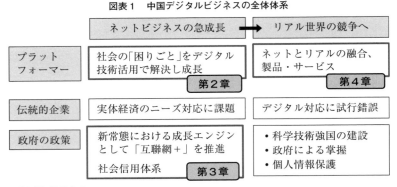

図表1　中国デジタルビジネスの全体体系

（出所）筆者作成

の資金需要など実体経済のニーズに十分に応えられず，代金の支払いが煩わしい，あるいは企業経営が円滑にできない，といったことがある。

プラットフォーマーの成長を後押ししたのは中国政府である。政府は経済が高度成長を終え，いわゆる「新常態」へと移行するにつれ，経済政策の重点を「量の拡大」から「質の向上」へと転換した。その一環として2015年3月，全国人民代表大会において李克強首相は「互聯網＋（インターネットプラス）行動計画」を打ち出した。BATなどデジタル関連企業に対しては「先ずはやらせて，必要に応じて規制する」という鷹揚な姿勢を示し，デジタル経済の発展に活用した。

一方で，中国市場が抱える高い取引コストを「円滑な信用創造」により軽減させる目的で打ち出された政策「社会信用体系」によって，民間企業や政府機関による国民や企業に関する情報の収集と活用が促進され，デジタル関連企業が急成長する側面的な要因ともなった。

さらに，中国人特有の「地道に製品やサービスを開発するよりも短期で効率的に儲けよう」とする「トレーダー的思考」が，リスクはあっても「先ずはやってみる」という積極的な姿勢を生み出し，デジタル技術を活用した未知のサービスの開発を大いに促した。そして，豊富な資金の提供者や失敗に対して寛容な社会的風潮が，挑戦的な企業活動を後押しした。

1.2　激しくなる企業間競争～デジタル革命は新たな段階に

政策の支援，社会的な背景とニーズにより，様々な企業がデジタルビジネスで成功していったのだが，最近の動向として，単に製品を販売するだけのネット取引のパイは飽和しつつある。このため，プラットフォーマー間の競争ポイントは「ネットとリアルの融合」，「生活シーンの囲い込み」など，新たなステージへと移行してきている。

アリババは「ニューリテール」（小売におけるネットとリアルの融合）に続き「ニュー製造」に注力することも表明している。その戦略の背景には，競争のポイントが，消費者と企業とのチャネルを太くすることから，製品やサービスの競争（単独の製品やサービス間の競争ではなく，デジタル技術を活用したエコシステム全体の競争）に移っていることがある。

76　第4章　変化する中国のデジタルビジネス

　他方，伝統的な企業は，銀行を例にとれば，アリババやテンセント等に奪われた顧客との接点を再び強化するため，彼らと提携したり，自ら EC（電子商取引）サイトを運営したりするなど，デジタルビジネスに取り組んでいる。ただ，現時点の顧客評価は高いとはいえず，組織やマネジメントの変革にも及ぶ，試行錯誤を繰り返している。

1.3　ビジネス環境の変化〜問われる企業の経営力と日本企業の連携の可能性

　デジタルビジネスを取り巻く環境にも変化が見られる。政府は2018年に「科学技術強国の建設」を強く打ち出し，重点対象としてインターネット，ビッグデータ，人工知能（AI）の3分野を指定した。一方で，企業に対する姿勢は，従来の「自由にやらせる」から「政府による掌握」にシフトしつつある。また，個人情報の取り扱いに大らかだった社会の風潮にも変化が見られ始め，今後は情報保護の意識が確実に高まっていくと見られる。

　人件費の上昇や顧客がより高いサービスの質を求めるといったビジネス環境の変化もある。こうした中でデジタルビジネスをいかに持続的に発展させていくか，企業の経営の変革力が問われるフェーズに入っている。中国企業の間では「本質を問う思考や品質，企業の継続性を重視する企業文化を築く必要がある」といった問題意識を持つ人が増えており，そうしたニーズは日本企業の事業機会につながる可能性がある。

　以上のような大きな流れを踏まえつつ，本章ではプラットフォーマーの現状や課題，中国政府の政策，日本企業のビジネスチャンスなどをさらに詳しく解説していく。

2．プラットフォーマーの成長要因とビジネスモデル

　中国のデジタルビジネスをけん引してきたのは，急激な成長を続けるプラットフォーマーである。ここでは，主にアリババ集団を例に，彼らの成長要因やビジネスモデルの変化を見てみよう。

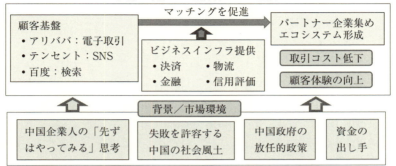

図表2　プラットフォーマーの成長要因

2.1　社会の「困りごと」の解決を通じて急成長

　中国の代表的プラットフォーマーであるBAT（バイドゥ，アリババ，テンセント）は，それぞれ「検索」「電子取引」「ソーシャルネットワーク」という，異なるプラットフォーム・ビジネスを生い立ちとしている。彼らはコアビジネスを通じて築いた顧客基盤をベースに，決済，物流，信用情報，金融（資金供給），クラウド等のビジネスインフラを構築するとともに，数多くのパートナー企業を集めて，広範なビジネス生態系（エコシステム）を形成している（図表2）。
　BATの成長の主な要因は，エコシステムの運営を通じて，社会の「困りごと」（フリクション）を解決してきたことにある。例えば，小売業や交通が未発達なために起こる生活の不便さを解消したり，働きたい人と雇いたい人，教えたい人と学びたい人を結びつけて，雇用や学習などの取引機会を創ったりしてきた。ビッグデータを活用して企業や消費者の属性と行動を分析し，「情報の非対称」を改善して，社会の信用醸成の役割を果たしたことも大きな成長につながった。

2.2　アリババの中核事業～ECと中小企業支援に力点

　アリババの例を見てみよう。同社の事業の中核は創業当初のEC事業とともに，「中小企業への事業機会の提供」にも置かれている[2]。
　中国の民間企業，特に中小企業は，国有企業と比べて，資金力や販路の開拓

78　第4章　変化する中国のデジタルビジネス

などにおいて不利な条件にあると言われてきた。政府も産業の底上げや消費者の利便性改善などのために，中小企業を育成することを政策課題としてきた。

アリババは決済や物流，金融（資金供給等），クラウドコンピューティングなどのビジネスインフラを自ら投資して構築し，そのインフラの上に中小企業や個人事業者をパートナーとして呼び込んでいる。そして，ECだけでなく，就業や教育，ヘルスケアといった様々なビジネス領域において「取引相手が見つかる」「料金回収リスクを軽減できる」「商品を届けられる」といった仕組みをパートナーに提供して，彼らの事業機会を創出している。

もちろん，EC事業の拡大にも力を入れている。より多くの消費者を呼び込むために，日本でも報道されている「独身の日」などのイベントや先行投資型のプロモーションを展開し，ネットワーク効果による消費者とパートナー企業双方にとってのプラットフォーム価値の向上に取組んでいる。

2.3　アントフィナンシャルの成長要因とグループ企業の構成

アリババのもう1つの特徴は，グループ企業のアントフィナンシャルが手掛ける金融事業にある。同社は実体経済の金融ニーズに伝統的な金融機関が対応できていないギャップを埋めながら，消費者や中小企業の支持を得てきた。

アントフィナンシャルの金融事業の先駆けは2003年に実用化したアリペイだ。当初はアリババが運営するネット上の個人間売買サービス「タオバオ」で利用された。当時のECでは売り手には「商品を発送しても代金が支払われない」という不安，買い手には「代金を支払っても商品が届かない」という不安がつきものだった。アリペイは第三者預託の仕組みでこの不安を解消した。

その後，アリペイは安心，簡易，低コストの決済手段として，タオバオ以外のEC事業者に広がる。2008年からは電気，水道，ガスなどの公共料金の支払いにも利用できるようになった。さらに，2013年にアリババが始めた新しい金融サービス「余額宝」[3]により，アリペイの利用者が一段と拡大した。

余額宝は「一般市民が少額で簡易にスタートできる投資チャネルが不足している」という既存の金融サービスの課題に応えたものであった。既存の金融サービスを補完するものとしては，中小企業・個人向け金融の「阿里小貸」や「網商銀行」もある。

アントフィナンシャルはさらに、アリペイの膨大な利用データを分析し、個人や中小企業の信用度を数値化した信用評価システム「芝麻信用」[4]も構築した。中国市場の課題である「取引信用コスト」[5]を低減するとともに、更なる取引を生み出す循環をつくった。

　現在のアリババの金融事業はこのように、クラウドコンピューティングなどITのインフラの上に、アリペイをデータ収集の入り口とし、余額宝など金融商品群、更には芝麻信用など信用体系やリスク管理体系が重なる4層構造になっており（図表3）、それぞれが既存の金融サービスの欠点を補う機能を備えている。

　アントフィナンシャルの今後の戦略方向としては、「自らは金融商品を開発せず、プラットフォーマーとしての役割に徹する」「アリペイを公共サービス化していく」ことなどが伝えられている。

　従来はどちらかというと、既存の金融機関のサービスに挑戦する姿勢であったが、これからはプラットフォーマー本来の役割である、データの力を活かした消費者と金融機関の接点（金融シーン）作りに重点を置くと見られる。この背景には、政府が既存の金融業務をテコ入れして、実体経済で足りないサービスもなるべく既存の金融機関に担わせるという、方針の微妙な変化があるものと見られる。

　中国の金融機関とアリババグループに見られるプラットフォーマーとの競争

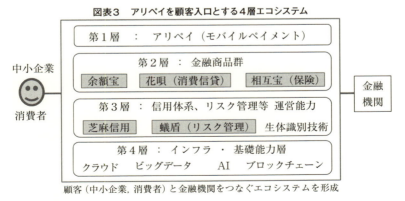

図表3　アリペイを顧客入口とする4層エコシステム

顧客（中小企業，消費者）と金融機関をつなぐエコシステムを形成

（出所）筆者作成

と提携の関係は，日本における伝統的企業とプラットフォーマーの関係を考える上で，有益なケーススタディにもなるだろう。

3．中国政府のIT政策

プラットフォーマーはITを活用して，社会のニーズを巧みにつかみながら成長してきた。従来は見られなかったユニークなビジネスモデルが成功のポイントだが，中国のデジタルビジネスを分析するうえでは，その発展を支えた政府の役割や政策も無視はできない。

3.1 新常態における政府の課題意識～インターネットを成長エンジンに

中国政府は2017年秋の共産党大会で，建国100周年にあたる2049年までの中長期ロードマップを定義した。そこには，35年までに「ソフトパワー強化」「法治国家の実現」「所得格差の縮小」などを実現し，49年までに「世界トップレベルの国家形成」を果たすという2つのマイルストンが掲げられている。また，このロードマップの発表より前から，20年までの「小康社会建設の全面的な実現」も目標としてきた（図表4）。

中国政府の政策運用の特徴は，こうした中長期の目標やロードマップを掲げながら，足元では市場の状況や国民の意識，不満など「社会で何が起きている

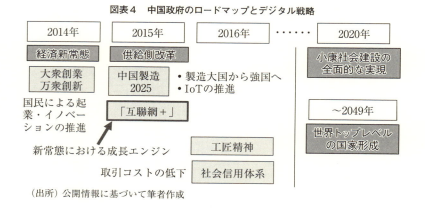

図表4　中国政府のロードマップとデジタル戦略

（出所）公開情報に基づいて筆者作成

のか」の情報を小まめに収集し，政策を柔軟に微修正することにある。「大義名分と柔軟性」が，中国の政策を理解するための1つの鍵と言える。

　中長期の発展目標の実現は決して容易ではない。経済成長のスピードが徐々に減速するいわゆる「新常態」において，従来のような公共投資や輸出だけをエンジンとした高度成長は望めないからだ。目標達成のため，政府にとって，社会秩序を安定させるための雇用の創出を確保しながら，経済の「量から質への転換」を図っていくことが重要課題となっている。

　こうした政策の構造的な転換を図るため，新たな成長のエンジンを創り出し「質を伴った中国企業の国際競争力を確保する」産業政策の1つとして，政府は2015年，「互聯網＋（インターネットプラス）行動計画」を制定した。

　「インターネットプラス」は，インターネットそのものに関する国家戦略に加えて，「インターネット＋工業」「＋金融」「＋エネルギー」「＋健康，教育」「＋スマート生活」などと，様々な応用領域におけるインターネット活用の分析や事例をガイドライン的に示している。

　「インターネット＋教育」を例にすると，学びたい人と教えたい人とが，インターネットを通じてより適切に「結びつく（マッチングする）」ことにより，学習機会や就業機会をつくり出し，中国全体の教育レベルや人材の質を底上げする，としている。このように，マッチングにより新たなビジネスを創出し，これまで企業などのサービスが行き届かなかった層（ロングテール）をインターネット経済に組み込むことで，産業の活性化や消費の拡大，格差の改善などを図ろうとしている。

3.2　社会信用体系の構築

　「インターネットプラス」に加えて，政府が2014年に公表した「社会信用体系建設計画要綱（要綱，2014〜20年）」も重要である。「社会信用体系」は中国市場が抱える高い取引コストを「円滑な信用創造」により軽減させる目的で打ち出された政策である。民間企業や政府機関による，国民や企業に関する情報の収集と活用を促進し，インターネット企業の急成長の側面的要因となった（図表5）。

　「要綱」では，「中国の経済，社会がさらにレベルアップするためには，信用

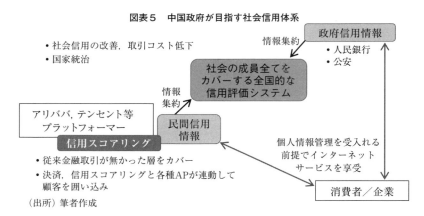

図表5　中国政府が目指す社会信用体系

(出所) 筆者作成

を大切にする意識と，ルールや契約の遵守を社会全体で向上させることが必須」との問題意識が示されている。そのためには，2014年からの7年間で，社会全体をカバーする信用評価システムを構築するとした。同システムを活用して，国民に自身の信用レベルを意識させ，「信義を守る行いにはインセンティブを与え，信義にもとる行いにはペナルティを課す」ことにより，健全な社会システムを築こうとしている。実際には，例えば政府は，信用中国（Credit China）というサイトを通じて，行政許認可と処罰の開示情報を対象者の氏名・名称や識別番号で検索できるようにしている。

こうした政策が背景となって，民間企業も社会信用体系の構築に関与するようになった。アリババグループの「芝麻信用」に代表される信用スコアは，現在，様々な取引や生活シーンで活用されるようになっている。

「社会信用体系構築計画要綱」などに基づく政策は果たして，どれほどの効果をあげているのだろうか。海外では「個人のプライバシーが制限され，徹底した監視社会を生み出している」との見方が多いが，中国人の間では「社会全般が徐々に健全化している」「信用情報により，偽物と本物の仕分けが進んでいる」といった，肯定的な受け止め方も少なくはないようだ。

3.3　政策に伴うイノベーションの事例1～テンセント系の微衆銀行

一連の政策に基づくビジネスの例を，さらに見てみよう。①収入や世代を問

わず全ての人が金融サービスを享受できるようにする「ファイナンシャルインクルージョン」（金融包摂）[6]，②信用スコアをインフラとするサービス――の２つを紹介する。いずれも，日本におけるデジタル技術を活用したビジネスの参考となろう。

「インターネット＋金融」の１つの好例が金融包摂のビジネスである。

中国において，中小企業や農村，あるいは農民に事業資金などを円滑に行き渡らせることは，金融政策の長年の課題である。伝統的な金融機関は，大型国有企業や不動産開発，公共投資などへの融資に注力し，効率が悪くリスク評価が難しい中小企業向けなどの金融には積極的でないためだ。都市部と農村部における金融サービスの格差も問題であった。

プラットフォーマー等は，このような社会的な課題をビジネスチャンスとして捉えた。IT を活用し，従来の金融機関がカバーしていない顧客層（ロングテール）に低コストの金融サービスを提供し，顧客基盤を拡大している。

成功例の１つにテンセント系の微衆銀行（My Bank）による消費者小口ローン「微粒貸」がある。微衆銀行はアリババ系の網商銀行などとともに，2014年，民間ネット専業銀行の第一陣として認可された。

微粒貸は１件あたりの融資金額が500元（約8000円）から30万元で，１日単位での借入，返済が可能である。2015年にサービスを開始し，既にアクティブ口座は8000万口，１日あたりの平均取引件数は5000万件に達している。2018年11月時点では，１件あたりの平均借入額は8200元，平均借入期間は48日だった。同行へのヒアリングによると，顧客の75％は，これまで伝統的な金融機関からの借入が難しかった，いわゆる「ブルーカラー」層だという。

微粒貸のデジタル技術を最大限に活用した手続きは，実に簡便である。融資申請に対し，その可否は６秒以内で回答する。融資を認めた場合は顧客の口座へ即時に入金するほか，返済時は申請から５秒以内で処理を完了するなど，顧客の使い勝手を大きく改善している。なお，微粒貸が貸し付ける資金の75％は伝統的な金融機関が提供しているとのことで，微衆銀行は消費者と金融機関を"つなぐ"役割をも果たしていると言える。

3.4 政策に伴うイノベーションの事例２〜アリババ系の相互宝

次に信用スコアをインフラとするサービス，アントフィナンシャルの相互監視型保険「相互宝」を取り上げる。

相互宝は芝麻信用のスコア（350〜950）が650以上という信用度が高いレベルの人のみを対象とする。ガンや心筋梗塞といった重大疾患時には上限30万元（39歳以下のケース）が補償される。

無料で加入できるが，認定された保険金は合計額を加入者全員で頭割りして分担する仕組みで，アントフィナンシャルは被受給者から８％の手数料のみを徴収する。「ピアツーピア（P2P）」による保険サービスと言える。

相互宝は不正支給を防ぐため，患者がオンライン上にアップした申請書類は個人情報に配慮した形で，全加入者が閲覧することもできる。保険金の支払いの可否は第三者機関が審査して決める。信用スコアを活用して参加者の質を高めたうえで，「相互監視しつつ割り勘で互いに支え合う」ことにより，不正リスク対策などに大きなコストをかけなくても済むように工夫している。モラルの高い人ほど保険コストが低くなるという，循環を目論んでいるようにも見える。

このように，信用スコアという新しい社会インフラはユーザー行動を監視し規律する形となって，既存の業界秩序を破壊するような新たなサービスを生み出した。日本でも加入者同士が掛け金をプールする「P2P保険」が試行されたことはあるが，法律の規制から普及はしていない。相互宝のようなユーザーによる相互監視型モデルは様々な応用が想定され，日本企業にとっても有益なベンチマークになるはずである。

もっとも，こうしたビジネスモデルが永続するかどうかは不透明な部分もある。不安定要素として，政府は信用スコアの算定を公共サービスへ移行する方針を打ち出している。また，社会における個人意識の高まりとともに，個人情報を利用したビジネスがどこまで許容されるか，という点もある。個人データの収集，分析というプラットフォーマーの強みをいつまで維持できるかは，注目すべきポイントである。

4．激化するプラットフォーム間の競争〜高まるリアルビジネスの重要性

　これまで見てきたように，中国のデジタルビジネスはプラットフォーマーによるモデル開発と政府の政策的な支援が相まって，飛躍的な成長を遂げてきた。一方で，創業時は主力事業のすみ分けができていたプラットフォーマーたちは，「勝者総取り」を目論んで徐々に同じようなビジネスを手掛けるようになり，互いの競争が激しくなっている。本節では，アリババなどを例としてプラットフォーマーの最新の競争ポイントを概観したうえで，目下の主戦場と言える「ネットとリアルの融合」について事例分析をする。

4.1　生活関連サービスで顧客囲い込みを競う

　アリババは2018年３月期決算の報告書において，重点的な取り組みとして①個々の顧客に応じたコンテンツなどの「レコメント」[7]の強化，②ニューリテール（小売りにおけるネットとリアルの融合），③生活シーンの囲い込み[8]，④国際化——を挙げた。成長領域としてはグループ企業の阿里雲によるクラウドコンピューティングや，優酷土豆によるデジタルメディアなどとした（図表６）。

　重点分野のうち，特に「生活シーンの囲い込み」はプラットフォーマー間の競争が厳しい。アリババだけでなく，ライバルのテンセントも顧客を自社のエコシス

図表６　アリババの重点取組例（数字は17年４月〜18年３月売上高）

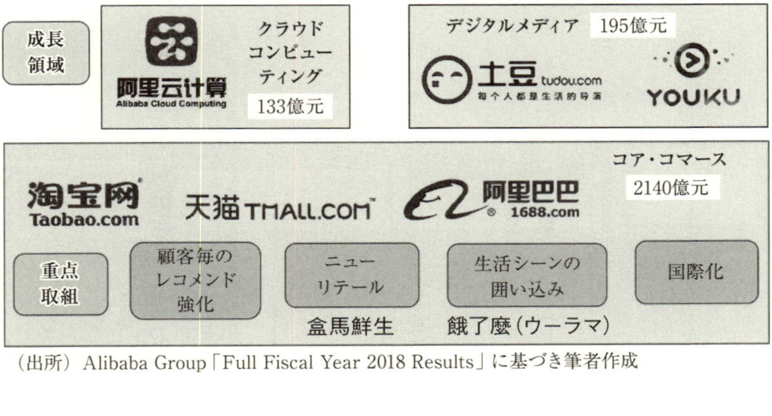

（出所）Alibaba Group「Full Fiscal Year 2018 Results」に基づき筆者作成

テムに囲い込むために，日常生活に密着したサービスへの投資を強化している。

アリババは，出前サービス「餓了麼（ウーラマ）」を2018年4月に完全子会社化したほか，同年8月にはスターバックスと提携しコーヒーの宅配を始めた。一方，テンセントグループでは，中国の生活関連サイトを運営する美団点評が主力事業のネット出前や団体購買サービスを拡充しているのに加えて，シェア自転車大手の摩拝単車（モバイク）を買収した。

弁当やコーヒーの宅配やシェア自転車などユーザーの生活に密着したサービスは利益率が低いものの，顧客を囲い込むには有効な手段でもある。今後の成長市場として期待される移動手段をサービスとして提供する「MaaS（マース）」[9]の展開に向けた先行投資，という目的もあるとみられる。

4.2 「ネットとリアルの融合」でせめぎ合い

さらにプラットフォーマー間のせめぎ合いとして象徴的なのが，ニューリテール（小売りにおけるネットとリアルの融合）を巡る動きである。その典型的な事例として，アリババグループの「盒馬（フーマー）鮮生」事業がある。

フーマーは中国全土で100ほどの店舗を展開する生鮮食品スーパーであり，事業コンセプトはオンラインとオフラインの一体運営にある。一般的なスーパーと同様に店頭で買い物ができるほか，店舗に行かなくてもアプリを使えば

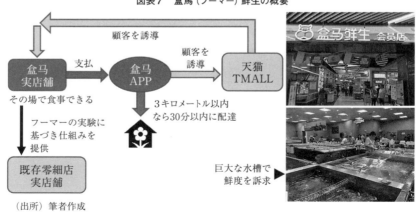

図表7　盒馬（フーマー）鮮生の概要

（出所）筆者作成

店内にある全て商品を注文が可能。店舗から3キロメートル以内の距離なら，注文してから30分以内に自宅などに配達してくれる。店舗は来店者向けの小売り機能と，ネット販売向けの倉庫・配送機能の両面を合わせ持つわけだ。

ユーザーのメインターゲットは25歳から45歳までの女性という，価格よりも商品やサービスの品質を重視し「スピード」を求める層である。顧客は店内で鮮魚など買った商品をその場で調理してもらって食べることもできるし，QRコードをスキャンすれば，商品の詳細情報を知ることができる。代金は来店者が自分のスマホを使って支払うか，店内の顔認証端末を使う（図表7）。

アリババがフーマーを展開する戦略的背景として，プラットフォーマーが激しい販売競争を繰り広げてきたECなどオンライン取引はEC化率が20％に達するなど，成長が頭打ちになりつつあることがある。売り上げが伸びないうえに，競争の源泉となる消費者データもオンラインの世界のみでは十分に収集できなくなっている。

アリババはオンライン取引で蓄積したデータや購買力を活かして，残り80％のオフライン取引をオンラインの世界に引っ張り込み，オンラインとオフライン取引を融合させて持続的な成長につなげるという戦略を描いた。フーマーはそのための実験的な取り組みと言える（図表8）。

フーマーはアリババが蓄積してきた顧客や商品のデータを，店舗の立地選定や仕入れ，値付けなどに活用している。ネットとリアルを巧みに連動させて，商品を売り切るための精度を高める狙いである。アリババのみならず，テンセ

図表8　ネットの顧客・データを活かしてリアルを融合

- オンライン取引のパイが飽和しつつある
- 実店舗は参入障壁が低い＆規模の利益を得ずらい

New Retail 戦略
- 80％のオフライン市場をオンラインの世界に引っ張り込む
- 若年消費者に合致したサービスを最新テクノロジーで実現

データ駆動型の小売り
- アリババが蓄積したデータの分析に基づき，顧客が別の店舗を探しに行かないギリギリの範囲で品揃え
- 出店場所も蓄積した購買データから決める
- 販売・在庫状況に応じたダイナミックな価格調整

ネットと店舗で連携して在庫を売り切る

（出所）筆者作成

ントやネット通販大手の京東集団も「ネットとリアルの融合」のビジネスモデルをつくろうとしている。

4.3 組織マネジメントという課題

　プラットフォーマーが「ネットとリアルの融合」の競争を勝ち抜くには，データの活用だけでなく，サービスを提供する体制をいかに構築するかもポイントになる。

　フーマーは商品のピッキングや宅配を地方出身者を集めた人海戦術に頼っている。豊富な労働力に支えられたビジネスは，フーマーに限らず多くの中国企業に共通するが，人件費の上昇や顧客サービス向上の要求が想定される中，いかに対応するかは難しい問題である。

　プラットフォーマーはリアルのサービスの対策として，社員教育などにより労働者の生産性やサービスの質を上げるよりも，無人店舗やロボット，ドローンなどに置き換えることを志向しているように見える。日本企業が社員の組織へのロイヤリティ，チーム力に裏付けられた現場発の創意工夫，改善力を強みとするのとは対照的である。プラットフォーマーが組織マネジメントを変革できるかどうかは，彼らの発展を展望するうえで重要な分析ポイントと思われる（図表9）。

図表9　プラットフォーマーのリアルビジネスにおける課題

（出所）筆者作成

4.4 チャネルから「製品・サービス」へ競争ポイントが移行

アリババは2016年からニューリテールに注力してきたが，18年第3四半期の決算報告書では，新たな重点的な取り組みとして「製造業とサービス業の融合」による「ニュー製造」[10] という概念を打ち出している。伝統的な製造業そのものに参入するのではなく，AI やクラウド，ブロックチェーン，IoT 等の技術と金融サービスを使い，中小製造企業を支援したり，消費者ニーズに基づくデータ駆動型の製造業に取り組んだりする方針である。

ニューリテールやニュー製造戦略の背景には，2つの大きな変化の流れがあると思われる。1つはプラットフォーマー間の競争のポイントが，消費者とのチャネルづくりから，デジタル技術を駆使したエコシステム全体の製品やサービスの競争（例えば微粒貸やフーマーなど）に移行しつつあるという変化である。2つ目は，プラットフォーマーが形成してきた消費者向けネットワークが牽引する形で，産業ネットワーク（設計・製造から小売りまでのサプライチェーン）の再編が進むという流れである。

こうした変化の中で，日本企業のような「組織力」や「継続性」を重視する経営より，「エリートの個人能力の発揮」「スピード」を重んじるプラットフォーマーは，果たして競争力は保つことができるのだろうか。あるいは，企業文化や組織マネジメントを再構築するのか。こうした点が，プラットフォーマー間の激しい競争を勝ち抜くポイントになると考える。

5．中国企業人の課題意識と日本企業の機会～中国は参考素材の宝庫

5.1　プラットフォーマーの海外への影響力

プラットフォーマーを牽引役として成長してきた中国のデジタルビジネスだが，そのビジネスを動かしている企業人らと意見交換すると，「AI は売り方の改善には役立っても，製品やサービスの開発には役立っていないのではないか」「競争の主戦場がネットとリアルの融合に移る中で，リアルにおけるデリバリー力が成長のボトルネックになるのではないか」「地道なサービス開発に取組もうとする企業家は多くない」「新興企業や企業人材の底上げが出来ていない」といった声をよく耳にする。

90   第4章　変化する中国のデジタルビジネス

図表10　中国企業人の課題意識（主なもの）

1．ネットの範囲ではイノベーションが生まれなくなっている

「ここまでは『社会の困りごと』の解決を通じて急成長してきたが……」

2．リアル世界で，製品やサービスで顧客満足を得るためには，
　　ネットとは異なる組織マネジメントや，品質重視・企業の継続性など
　　企業文化に遡る変革が必要ではないか

⇒中国流通企業が日本を訪れ，日本のコンビニ，モールを見学し，
　改めて学ぼうとする動き

3．成長拡大，金融収益を前提とする先行投資型モデルのリスク

「でも，簡単には変えられない……」

（出所）筆者作成

　本章で上述した「デジタル技術と低賃金労働者の人海戦術の組み合わせが今後も継続できるのか」「戦略と組織マネジメントの整合性は取れているか」といった指摘は，中国人も同様に課題として認識しているようだ。

　アリババやテンセントなどの影響力が増大するあまり，「エコシステム間の排他的な取引」など独占の弊害も感じている人もいる。さらには，これまでの金融収益に依存した先行投資型のモデルや，右肩上がりの拡大基調を前提とした人材・組織マネジメントを修正できるのか，といった問題意識を持つも少なくない（図表10）。

　中国のデジタルビジネスのモデルやIT技術は，今後，世界にどのような影響を及ぼし得るのだろうか。上記のような課題を抱えながらも，次のような領域ではさらに影響力を強めいくと考える。1つは，いわゆるクリティカルマス（商品やサービスの普及率が一気に跳ね上がる分岐点）を超えるような「数を取る」ことが競争のポイントとなるサービス領域である。まさしく，プラットフォーマーが従来，得意としてきたもので，企業家のアイデア，スピードや投資ファンドの支援，安価な労働力などが，規模の勝負において引き続き有効に働く。また，中国政府が戦略技術として研究開発投資をし，実験場として中国市場を活用して成長を図る領域も有望だ。具体的には自動運転などがあり，国を挙げて技術の実用化に取り組む中国の影響力は今後，増していくだろう。

5.2 日本企業はいかに対応すべきか

日本企業は中国のデジタル革命にどう対応すべきか。「規模」が競争力に直結するビジネスにおいては，多くの場合，日本企業は中国企業と正面から競争することは得策でない。一方で，競争のポイントが製品・サービスに回帰するような大きな変化の中では，日本企業が得意とする「組織力を活かした技術力」「サービスの品質」を活かして，プラットフォーマーのエコシステムにおいて重要なポジションを取れる可能性はあるだろう。

また，中国の企業人には「本質を問う思考や品質，企業の継続性などを重視する企業文化に築く必要がある」といった問題意識から，「日本企業に学ぼう」との動きもある。

これらのことから，中国企業の販売力やビジネス創出力と日本企業の技術力，サービス品質を組み合わせるなど，中国企業との補完関係による事業創出を考えたい（図表11）。

製品単独だけでなく，自社の製品とサービスの強みを活かしたエコシステムとしての思考[11]が必要だ。また，欧米企業のように，新技術やサービスを開発するための実験場として中国を活用することも考える必要がある。このためにも，まずはプラットフォームのビジネスモデルを客観的に理解することが大切である。中国のデジタルビジネスは，日本企業の経営にとって参考材料の宝庫である。

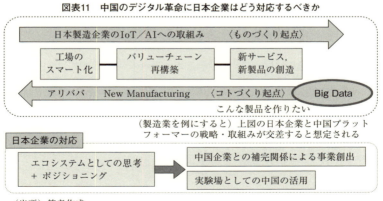

図表11 中国のデジタル革命に日本企業はどう対応するべきか

（出所）筆者作成

92　　第4章　変化する中国のデジタルビジネス

[注]
1）本章ではプラットフォーマーを「人・企業と人・企業をつなぐ（マッチングする）ことで取引を生み，経済的価値を生み出す」主体と定義する。
2）2014年9月，アリババのニューヨーク上場説明会で，馬雲（ジャック・マー）会長は次のような主旨のスピーチをしている。「15年前，私のアパートの部屋では，18人の創始者達が1つの夢を持っていた。この夢とは，いつか，私たちの会社が幾千の小さな会社に仕事を与えることであり，この夢は今日まで変わることは無く，小さな会社のビジネスの難しさを取り除き，ビジネスをどこにいてもできる容易なものにしている。私達の目標はビジネスマンと顧客が，互いに相手を見つけ出せるようにサポートすることにある。したがって，仕事は彼らビジネスマン独自のやり方によって展開していく。私達はビジネスマンの成長をサポートし，今までに無かったチャンスを生み出し，斬新な市場を開拓していくのだ」。
3）アリペイ口座に滞留している資金を「余額宝」口座に移せば，元本保証，年利5％日割り計算で運用され，元本引き出し無制限という個人資産運用サービス。
4）決済履歴などからその人の信用度をスコア化したもの。最低は350点，最高は950点。700点以上で「良好」とされる。スコアが高ければ融資金利や与信枠が優遇されるほか，ホテルやシェア自転車を利用する際の保証金が不要になるなど，特典が与えられる。
5）取引相手の信用度が低いために，事前の調査や，取引におけるリスク管理に要するコスト。
6）全ての人々が経済活動のチャンスを捉えるため，また経済的に不安定な状況を軽減するために必要とされる金融サービスにアクセス・利用できる状況。2005年に国連で提起されたコンセプトである。中国語は普恵金融。
7）個人の興味や嗜好を取引履歴等から分析し，これに合うコンテンツなどを開発・提案すること。
8）食べる，移動する，買うなどの顧客の消費取引を自社エコシステム内で完結させ，スマホ決済を入り口として顧客データを一元的に把握するための競争戦略。
9）Mobility as a Service の略。あらゆる交通手段を統合し，その最適化を図ったうえで，マイカーと同等か，それ以上に快適な移動サービスを提供する概念。
10）アリババの馬雲会長は2018年9月に杭州市で開いたイベントで「ニュー製造」を次のように説明している。
   ● ニューリテールはオンラインとオフラインの融合だが，「ニュー製造」は製造業とサービス業の融合であり，その競争力は製造自体ではなく，製造の背後にある思想や体験，サービス能力がもたらす。
   ● 大量生産，大量消費のコンセプトに基づく製造業主導の伝統的な製造スタイルは駆逐され，消費者ニーズに基づくデータ駆動型の製造業が主流となる。
11）アナベル・ガワー等（2005）は，インテルなどの事例分析に基づき，ハイテク分野ではイノベーション能力が多くの企業に分散しており，製品，サービスの相互依存度が高まっているとしたうえで，「特別な基盤技術の周辺で，補完的なイノベーションを起こすように他企業を動かす能力」を「プラットフォーム・リーダーシップ」と定義し，その意思決定テーマとして「企業の範囲」，「製品化技術」，「外部の補完業者との関係」，「内部組織」を挙げている。このうち「外部の補完業者との関係」について，インテルなどは自社収益あるいは市場占有率を極大化する一方で，市場のパイを広げ産業を活性化するために，アーキテクチャ上の体系的なイノベーションを推し進める，補完製品のイノベーションを刺激するために必要があれば既存事業者とも競合するなどしながら，「協調と競争をバランス」させている。

[参考文献]
中国国務院（2014）「社会信用体系構築計画要綱（2014-2020年）」http://www.gov.cn/zhengce/

content/2014-06/27/content_8913.htm

微衆銀行（2017）2017年アニュアルレポート https://www.webankcdn.net/s/hjupload/app/pdf/
annual_report_2017.pdf

〈日本語資料〉

アナベル・ガワー等（2005）「プラットフォーム・リーダーシップ 〜イノベーションを導く新しい経
営戦略」有斐閣

ロン・アドナー（2013）「ワイドレンズ 〜イノベーションを成功に導くエコシステム戦略」東洋経済
新報社

第5章

好転する日中関係　膨らむ商機
―― リスク見極め，問われる戦略性

日本経済研究センター首席研究員
湯浅健司

●ポイント

▶ 2012年の尖閣問題を巡る対立以来，日本と中国の関係は冷却化していたが，平和友好条約発効40年に当たる18年には関係が大きく改善した。2020年春には習近平国家主席が国賓として来日する方向だ。中国側は米国との貿易摩擦や国内経済の減速もあって，日本からの経済協力に期待を寄せている。

▶ 日本側も対中投資が徐々に拡大するなど，中国ビジネスが盛り上がる機運にある。自動車メーカーが相次ぎ能力増強に乗り出すほか，化粧品や食品，日用品メーカーは対中輸出を拡大させている。中国事業からの収益は着実に伸びているが，一方では景気動向の影響を受け，一部は事業収益が悪化する企業もある。

▶ 中国ビジネスには，これまで顕在化していなかった独禁法や環境問題などに関する新たなリスクも生じている。米中摩擦が日本企業に影響を及ぼす可能性もある。中国市場の将来性を踏まえ，複雑な国際情勢を乗り越えるための戦略性がいまこそ，各社に求められている。

●注目データ　日本が中国から得た直接投資収益の推移

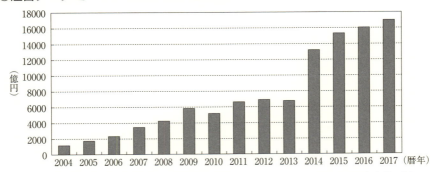

(出所) 日本銀行「国際収支統計　地域別国際収支」より作成。2013年以前は国際収支第5版，2014年以降は第6版に基づく数値

1．対立から協調の道へ～新たなステージに入った日中関係

2018年は日本と中国の平和友好条約が発効して，ちょうど40年目にあたった。40年という歳月において，両国は「一衣帯水」の隣国として発展と停滞を繰り返しながら，共にアジアのリーダーとしての地位を確立してきた。

1.1　改革開放を支援した日本

40年前の1978年，この年は中国が鄧小平氏の指導のもと，改革開放路線を決めた年でもある（図表1）。文化大革命により荒廃した国土を立て直すべく，社会主義市場経済という世界の誰もが経験したことのない手法によって，経済発展の道を歩み始めたばかりであった。

隣国の日本は生まれ変わろうとする中国に，積極的に支援の手を差し伸べた。円借款など政府開発援助（ODA）による公的な支援に加え，民間ベースでも松下電器産業（現パナソニック）の創業者，松下幸之助氏を始めとする多くの経済人や企業が，工場進出や技術供与などの形で中国の発展を支えた。こ

図表1　日中関係の主な動き

1978年10月	日中平和友好条約が発効
12月	中国共産党3中全会で改革開放路線が提議される
1984年3月	中曽根首相が訪中
1992年10月	天皇，皇后両陛下が訪中
1998年11月	江沢民国家主席が来日。日本の歴史教育を批判
2001年8月	小泉純一郎首相が靖国神社参拝。日中は「政冷経熱」
2006年10月	安倍晋三首相が訪中。戦略的互恵関係の構築で合意
2008年5月	胡錦濤国家主席が来日。日中共同声明に署名
2010年9月	尖閣諸島沖で中国漁船が海上保安庁の巡視船と衝突。この年，中国がGDPで日本を抜く
2012年9月	日本が尖閣諸島を国有化。中国各地で激しい反日デモ
11月	習近平氏が共産党総書記に就任。13年3月，国家主席に
2014年11月	日中が関係改善へ4項目の合意文書を発表。安倍首相と習近平国家主席が北京で初会談
2017年6月	安倍首相，「一帯一路」構想に協力の意向示す
2018年5月	李克強首相が来日
10月	安倍首相，日本の首相として7年ぶりに中国を公式訪問
2019年6月	大阪開催のG20で日中首脳会談。習氏，20年春に国賓として来日する方向に

（注）肩書は当時
（出所）諸資料から筆者作成

の時期に日本が果たした役割について，かつて中国の外相を務め，現在は人民外交学会名誉会長である李肇星氏は「日本は改革開放の受益者であり，貢献者でもある。円借款や民間支援を通じ，中国のインフラ開発などを支援してくれた」[1]と感謝の言葉を述べている。さらに，中国共産党は18年12月に北京市で開いた改革開放40年を記念する式典で，経済発展に特に貢献した人物として松下氏を含めた外国人10人を表彰した。

1.2　日中経済の逆転と両国関係の悪化

　中国が改革開放路線により，着実に経済成長を続ける一方で，日本は1990年代に入るとバブルが崩壊し，長期的な低迷期を迎えた。鉄鋼や繊維，家電など様々な産業分野で，日本からの技術支援を受けた中国企業が力をつけ，先生格であった日本勢を脅かす存在となっていった。

　日中は経済の面において，「協力関係」がいつしか「競争関係」へと移行し，やがて両国の経済規模は急速に接近していった。2010年にはついに，中国が名目ベースの国内総生産（GDP）で日本を抜き去り，世界第2位の経済大国となった。改革開放路線が始まった頃，日本人は誰1人として，こうした事態を予想しなかっただろうが，この年以降，両国のGDPの規模の差は広がる一方となり，17年の中国は日本の実に2.5倍にまで拡大した（図表2）。

　国力を増した中国は対外的な影響力を強め，東シナ海や南シナ海への海洋進

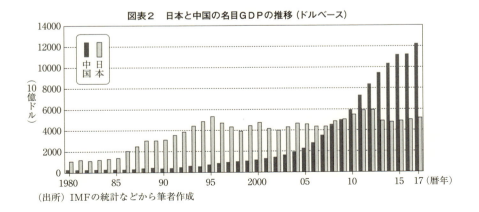

図表2　日本と中国の名目GDPの推移（ドルベース）

（出所）IMFの統計などから筆者作成

出に乗り出した。日本に対しても、友好一辺倒ではなくなり、「靖国問題」や「教科書問題」などを巡って度々、対立するようになった。さらに、2012年の日本政府による尖閣諸島国有化をきっかけに態度が一気に先鋭化し、中国各地では激しい「反日デモ」が起こった。同年に発足した習近平政権は日本との首脳交流を停止。「反日」の動きは政治の面だけでなく、日本企業による対中ビジネスにも冷や水を浴びせることとなった。

　2014年には安倍晋三首相が訪中して、初の習国家主席との会談に臨んだが、習氏は国内の基盤固めに追われていたことなどもあって、関係改善は大きくは進展せず、互いに手探りの状態が続いた。

1.3　米中関係の悪化と日中の関係改善

　関係改善へと大きく動いたのは昨年、2018年である。良好に見えた米中関係が急速に悪化する中、李克強首相が5月に来日。安倍首相との首脳会談だけでなく、北海道にまで足を伸ばして企業や自治体などを視察した。同行した中国メディアは日本側の丁寧な応接や視察先の豊かな農村などの状況を、極めて好意的に本国に向けて報道し、これが中国における対日感情が大きく改善するきっかけとなった。

　李氏の訪日成功を受け、安倍首相は10月、7年ぶりに中国を公式訪問した。習氏や李氏をはじめ、栗戦書・全国人民代表大会常務委員長ら有力指導者と相次ぎ会談し、第3国でのインフラ共同開発や東シナ海のガス田開発、先端技術や知的財産保護を巡る対話創設など幅広い経済分野について話し合い、協力関係を構築することで合意した。

　首脳交流の再開に合わせ、中国の各地から自治体トップを団長とした訪日団が続々と押し寄せるようにもなった。李首相が訪日した5月以降、都内や大阪、名古屋市などで、中国の地方政府が主催する投資誘致を目的にしたセミナーが急増。日本貿易振興機構（ジェトロ）のまとめでは、こうしたセミナーは2017年度は通年で15件前後だったのが、2018年は4～9月の半年間だけでも18件を数えた。日本側で受け入れを担う友好団体のある関係者は「こちらの手が回らないほどの訪日希望があり、受け入れを断るのに苦労している」とこぼすほど、中国からのラブ・コールは高まっていった。

時には手を取り合い，時には口もきかぬ仲となった日中両国は，いま再び安定した状況を保ちつつある。2019年6月には，大阪で開催された20カ国・地域首脳会議（G20サミット）に出席するため，習氏が政権トップに就任してから初めて日本を訪問。安倍首相と会談し，20年春にも国賓として再び訪日する方向となった。対立から協調へ——。日中のビジネス環境も好転し，日本企業には暖かい追い風が吹き始めてた。

2．調整期迎えた中国経済〜高度経済の終焉と「中国の夢」

2.1　2018年は変調

中国が急速に日本へ接近するようになった背景には，これまで右肩上がりで成長を続けてきた国内経済が，ここに来て変調をきたすようになったこともある。

改革開放路線が本格化した1980年代以降，中国の実質経済成長率は，天安門事件が起きた1989年から90年にかけて4％前後という水準にまで落ち込んだことがあるが，それ以外は2014年まで7％以上という高い水準を保ってきた。

しかし，2015年に7％を割り込み，16年は6.7％，17年はやや回復して6.8％となったが，18年は6.6％にまで減速した。かつての高度成長は明らかに終焉を迎え，2ケタの伸びを再現することはほぼ不可能な状況にある（図表3）。

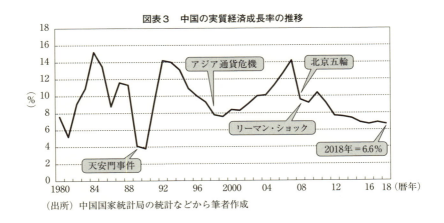

図表3　中国の実質経済成長率の推移

（出所）中国国家統計局の統計などから筆者作成

100　第5章　好転する日中関係 膨らむ商機

　特に，2018年の経済動向は複雑だった。前年の17年は好調な世界経済に牽引され輸出が３年ぶりに前年実績比でプラスに転じたほか，年後半にかけて投資や消費も盛り上がり堅調だった。18年も上期までは前年の好調さを維持しており，中国国家統計局は良好な経済状態を「穏中向好（安定を保ちながら上向きつつある）」という４つの漢字で表現していた。

　ところが，年半ばから徐々に経済は減速した。原因の１つは，地方政府の過剰債務問題とそれによる金融リスクを重視した中央政府が，地方政府の資金調達，特に銀行を介さない「シャドー・バンキング（影の銀行）」を厳しく管理したため，各地でインフラ投資に急ブレーキがかかったことにある。インフラ投資の伸び率は2017年は19％だったのに，18年は3.8％にまで縮小した。シャドー・バンキングに頼っていた民間企業も資金難に陥り，社債の債務不履行が相次ぐようになった。

　さらに，住宅価格の高止まりや株式市場の低迷から，家計の消費余力が低下。10％前後の伸びを続けた社会消費品小売総額の伸び率は９％を割り込むようになった。輸出は堅調だったが，投資と消費の伸び悩みを補うには不十分で，こうした要因から成長が減速した。国家統計局は2018年10月以降，経済情勢について，それまでの「穏中向好」という表現から「穏中有進（安定を保ちつつ推移している）」という，トーンダウンした言葉遣いに切り替えている。

2.2　19年以降の先行きも不透明〜難局を迎え日本に熱い視線

　2019年の中国経済を予測することは難しい。18年に勃発した米中貿易戦争の行方によっては，輸出に急ブレーキがかかる恐れがある。国内では，政府が財政と金融政策の両面から景気を刺激することが予想されるが，過剰債務の解消が十分ではない状態のまま，どこまでタガを緩められるか，さじ加減は微妙だ。民間企業の資金繰りを円滑にするため，金融機関による民間向け貸し出しを増加させる方針でもあるが，やり過ぎると金融リスクの懸念がさらに強まってしまうだろう。

　中国人民大学は2018年11月下旬，劉元春・副学長を代表とした研究チームによるマクロ経済見通しを発表した。それによると，19年の成長率は6.3％にとどまるという（図表４）。仮に米国との摩擦が解消しても，中国経済の下振れ

3．中国との相互依存，変らぬ日本企業　*101*

図表4　中国人民大学による中国経済の見通し

	2018年	2019年見通し
実質経済成長率	6.6	6.3
固定資産投資	5.9	6.6
輸出	9.9	6.1
社会消費品小売総額	9.0	9.0
CPI	2.1	2.4
PPI	3.5	2.8

（注）数字は前年同期比，％

　圧力の解消は難しく，新たな供給サイドの構造改革が避けられない，と主張する。このため，同チームは19年の政府の成長目標について，過度な量的拡大を求めずに「年率6.3％前後」を下限とする水準にとどめるべき，としている。

　もっとも，習政権は景気が減速した状態を長く受け入れることはできない。政権発足時に高く掲げた長期目標，すなわち2020年には2010年比でGDPおよび1人あたりの国民所得を2倍にするという，「中国の夢」を達成しなければならないからだ。さらに，景気後退が著しくなると「夢」の実現が危うくなるだけでなく，雇用難による社会不安という「現実」の問題まで引き起こしかねない。

　米国との対立と国内の構造問題。いずれも極めて対処は難しい。まさに内憂外患の状況にある中国は，いま，改めて日本に熱い視線を向けているのである。

3．中国との相互依存，変らぬ日本企業

　日中関係が急速に好転した状況は，一見すると，中国側が一方的に日本にラブ・コールを送っているようだが，実は日本の中国ビジネスもここ数年，少しずつ熱を取り戻し，18年に入ってからは，拡大の勢いを増している。

3.1　日本からの対中直接投資は増加

　中国商務省がまとめた日本からの直接投資額を見ると，2018年1～12月の累計額は38億1000万ドル。前年同期に比べて16.5％増と大きく伸び，14年の水準とほぼ肩を並べる水準となった。ここ数年，日本からの対中投資は，尖閣問題で揺れた2012年をピークに減少を続け，16年には通年で30億9500万ドルにまで

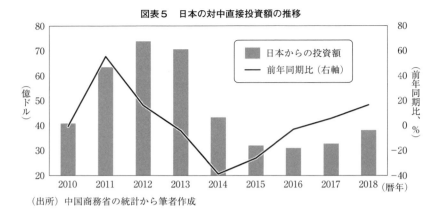

図表5　日本の対中直接投資額の推移

（出所）中国商務省の統計から筆者作成

低下していた。2018年の投資額の増加は，中国で台頭する電気自動車（EV）や産業用ロボット関連などの分野で新規案件が増えたためと見られる（図表5）。

3.2　貿易やヒトの往来も拡大

投資だけでなく，日中両国の経済における相互依存関係は様々な面で，非常に緊密になっている。

ジェトロの発表によれば，2017年の双方の貿易総額は前年比9.2％増の3292億8936万ドルとなり，3年ぶりに前年比で増加に転じた[2]。日本にとって中国は最大の貿易相手国であり，中国から見れば日本は香港などを除いて，実質的に米国に次ぐ2番目の貿易パートナーである。観光やビジネスを目的としたヒトの往来を見ても，18年に日本を訪れた中国人は過去最高の838万人（前年比13.9％増）を記録した。

日中関係が冷え込んでいたころは，日系企業が中国から撤退するニュースがメディアを賑わしていた。人件費の高騰，中国企業との競争激化など両国関係以外にも理由はあったが，統計を見ると，中国で活動する日系企業は必ずしも減っているわけではない。最も直近に発表された外務省の海外在留邦人数調査統計によると，2017年10月1日時点の中国にある日系企業の拠点数は3万2349件で，5年前に比べて，むしろ約1300件も増えている。

これらの拠点から上がる収益も着実に伸びている。国際収支統計で中国から

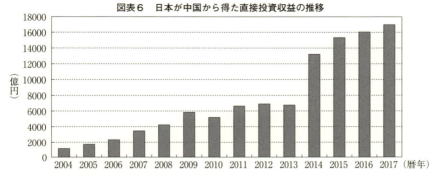

図表6　日本が中国から得た直接投資収益の推移

(出所) 日本銀行「国際収支統計 地域別国際収支」より作成。2013年以前は国際収支第5版，2014年以降は第6版に基づく数値

の直接投資収益（現地法人からの配当や利子，現地で内部留保した利益などの合計）を見ると，2010年以降，2013年を除いて毎年，増え続けており，17年は過去最高の1兆6993億円に達した（図表6）。この統計だけ見ても，日本企業は中国ビジネスで大きな恩恵を受けている実態がよく分かる。

4．中国で攻勢をかける自動車メーカー

　対中ビジネスの積極姿勢が目立つのが自動車メーカーだ。2018年の中国の自動車市場は低迷したが，各社は「5年後も10年後も中国が世界最大の自動車大国であることには変りはない」（日系メーカー幹部）として，現地で急速に普及する電気自動車（EV）などをターゲットに，相次ぎ増産投資に乗り出す。米中摩擦の影響でライバルの米国ブランド車の販売が伸び悩んでいることもあり，19年は日本勢にとって，シェア拡大を図る好機でもある。近い将来，日本車の中国総販売台数が日本国内の販売を上回る可能性もあり，各社は世界戦略の最重要地域となった中国で攻勢をかける。

4.1　トヨタは2020年に独自開発のEVを投入，日産も強気の計画

　トヨタ自動車は天津市と広東省広州市にある合弁工場で，それぞれ2020年初めにも新工場を建設し，生産能力を2割増強する。総投資額は1000億円規模に

104　第5章　好転する日中関係　膨らむ商機

なるという。増産投資により，EV やプラグインハイブリッド車（PHV）を追加生産する見通し。

2018年4月，北京市で開催された国際自動車ショーで，同社は「独自開発した EV を2020年に，世界に先駆けて中国で生産・販売する」という戦略を発表した。増産投資はこの戦略を具体化するためのものだ。EV は中国で新たに合弁生産するガソリンエンジンの多目的スポーツ車（SUV）をベースにして開発するとされる。

中国政府は2019年からメーカーに一定量の新エネルギー車（以下は新エネ車，EV と PHV の総称，HV は含まない）の生産・販売を義務付ける。トヨタは規制に対応するため，増産投資の完了を待たずに，18年秋に合弁相手の広州汽車集団から SUV タイプの EV の供給を受けて販売を始めた。19年には「カローラ」「レビン」のプラグインハイブリッド車（PHV）の現地生産も始めるという。

トヨタはこれまで「プリウス」に代表されるハイブリッド車（HV）を軸に世界で電動車事業を展開してきた。純粋な EV は開発の歴史こそ長いが事業化の優先順位は下の方，という扱いであり，直近の販売ラインアップに EV はなかった。にもかかわらず，中国であえて独自開発車を投入する背景には，ここでノウハウを積んで，改めて EV の世界展開につなげるという思惑がある。このため中国では，PHV や EV の中核部品の生産も進めていく方針だ。

ライバル，日産自動車は2020年をめどに，中国での乗用車の生産能力を3割高める方針だ。東風汽車集団との合弁会社が湖北省武漢市に工場を新設するほか，江蘇，河南省の生産拠点も増強する方向。積極投資により，中国での年産能力は200万台を超えるようになるという。

東風汽車集団との合弁会社が発表した中期計画によれば，同社は2022年までに600億元（約1兆円）を投資して，合計40車種以上を新たに投入する。うち半数は PHV や EV などの新エネ車とし，22年にはこの合弁会社の販売台数の30％が新エネ車になるという。

4.2　EVなきメーカーは退場

日本車メーカーはここ数年，中国での販売台数を着実に伸ばしている（図表

4．中国で攻勢をかける自動車メーカー　105

図表7　日系大手3社の中国新車販売台数の推移

（出所）各社の発表をもとに筆者作成

7）。3社とも2017年は好調で，市場全体がわずか3％の伸びに止まったにも関わらず，日産自動車は12.2％，ホンダは15.5％と2ケタ増を記録。トヨタ自動車も6.3％と高い伸びだった。18年は市場全体が前年比2.7％減と，28年ぶりにマイナス成長となったにもかかわらず，トヨタは14.3％増と2ケタの伸びを記録し，日産も2.9％増を維持。ホンダはほぼ昨年並みの実績を残し，他のメーカーも含めた日本ブランド全体では5.4％増となった。

　各社とも高い品質と優れたデザイン性，手ごろな価格設定が消費者に受けられている。17年から18年にかけては中国との政治関係が悪化した韓国や米国ブランドの車が大きく販売を落としたことも販売増につながった。

　ホンダも広州や武漢工場を拡充する。EVやPHVなどの20を超す車種を2025年までに投入する計画。完成車の増産だけでなく，アリババ集団系の企業と多機能型カーナビゲーションシステムで協業するほか，自動運転の分野では画像認識の技術を持つ香港のベンチャー企業と自動運転の共同研究をしたり，インターネット検索大手，百度（バイドゥ）が進める自動運転の開発連合「アポロ計画」にも参加したりしている。

　同社は2018年11月から，米国で生産し輸入していた高級車ブランド「アキュラ」の一部モデルを中国生産に切り替えた。中国は米国との貿易摩擦の激化に伴い，同年7月に米国からの輸入車の関税を引き上げた。ホンダと同様に，他

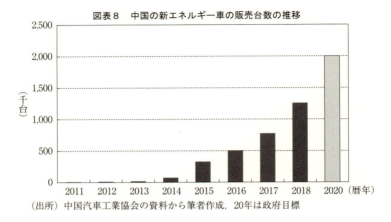

図表8　中国の新エネルギー車の販売台数の推移

（出所）中国汽車工業協会の資料から筆者作成，20年は政府目標

社も高関税を避けるためにも，中国で生産する車種を増やすことになりそうだ。

　各社の増産投資のターゲットであるEVなどの新エネ車は，欧米などに比べて何倍ものスピードで普及し始めている。中国汽車工業協会の統計によれば，2018年の新エネ車の販売台数は61.7％増の125万6000台（図表8）で，世界市場全体の半分を上回る規模だった。政府からの補助金が支給されるほか，大都市では新規取得が難しいナンバープレートの手続きも新エネ車なら容易なことなどが販売増の背景にある。トヨタや日産，ホンダに加え，マツダも2020年に中国で専用のEVを投入する計画だ。

　中国で活気付く日本の自動車メーカーだが，逆にEVを持たない企業は苦しい。スズキは2018年9月，重慶長安汽車との合弁事業を解消すると発表した。同事業は1993年に立ち上げ，25年の歴史があった。これに先立ち同年6月には，2つあった中国の合弁会社のうちのもう1社，江西昌河汽車との合弁会社からも資本を引き上げていた。重慶長安汽車との合弁事業解消により，スズキは中国の乗用車生産から完全撤退することとなった。

　同社の中国事業は小型のガソリン車が中心で，ラインナップにEVはなかった。消費者の大型車志向や中国企業との競合から苦戦が続き，17年度の合弁2社の生産台数はピークだった2010年度に比べて，7割も減少していたという。

4.3 技術をいかに守るか

自動車メーカー各社が対中投資を拡大する中，各社が持つ独自技術をいかに守るかという点も今後，重要なテーマとなるだろう。

自動車業界に限らず，日本企業が独資で事業展開する場合は技術漏洩のリスクは低いが，合弁事業ならば，どこまで中国のパートナーと情報共有するかが課題となる。

中国政府が外資に EV 事業を促す思惑の１つには，合弁事業を通じて，外資から先進技術を吸い上げることにあるとされる。米中摩擦の大きな要因の１つも，米国が「中国は外資に技術移転を強要している」と見ていることにある。

中国政府は完成車事業の外資規制を緩和する方向も示している。しかし，これまでの中国企業との関係を考えると，合弁事業をいきなり解消して，パートナーと離れることは容易ではないだろう。

企業は市場での激しい競争にいかに勝ち抜くかという「攻めの戦術」と，技術保全という「守りの戦術」の両面が必要になる。自動車市場を巡って，今後，各社の中国戦略の巧拙が改めて試されることなる。

4.4 中国メーカーとの競争～東南アジアでもライバルに

中国の自動車市場では中国メーカーの成長も著しい。国有大手だけでなく，吉利汽車や比亜迪（BYD）など民族資本のメーカーが着実に力をつけている。特に新エネ車など新しい分野では，これらの企業は日系メーカーのライバルになりつつある。

特に注目されるのは吉利汽車だ。同社は高級車ブランド「ボルボ・カー」（スウェーデン）を買収するなど，積極的な M&A で急成長を続けている。2018年の販売台数は前年比20％増の150万800台。当初目標の158万台には届かなかったが，伸び率は日本勢をも凌駕した。

日本勢と中国メーカーとの競争は中国国内に止まらない。日本勢の主戦場である東南アジアでも，彼らは少しずつ勢力を伸ばしつつある。

吉利汽車の親会社，浙江吉利控股は2017年，マレーシアの国民車メーカー，プロトンに49.9％出資した。中国人の経営者を送り込んで新車開発や販売店改革を進めるなど，経営難に陥っていたプロトンの再生に取り組んでいる。18年

108 第5章 好転する日中関係 膨らむ商機

11月には吉利が開発，生産したSUVをプロトンを通じてマレーシアで発売した。吉利はこれを手始めとして，プロトンを橋頭堡にマレーシアだけでなく周辺国も含めた東南アジア市場を広く開拓していく戦略だ。

　吉利のほか，国有大手の上海汽車集団はタイとインドネシアで事業展開している。タイでは，かつて買収した「MG」ブランドを扱う企業，MGセールスを持ち，年産10万台体制を整えている。タイ国内でのMG車の販売台数はブランド別のシェアで9位前後に位置する。2019年からはタイで生産した乗用車を周辺国に輸出するという。

5．複雑化する中国ビジネス～景気動向ではマイナスも

　経済が減速する中国では，日系企業の状況も業種によって好不調のばらつきが目立っている。自動車のような高額の耐久消費財は足もとではやや販売が頭打ちとなる一方，日用品や化粧品など身の回り品の消費意欲は依然として旺盛。これらの分野では企業が着実に利益を上げている。一方で，工場の自動化投資の需要増を受け好調だった工作機械は，景気動向の影響を大きく受け苦戦し始めた。

5.1　輸出で稼ぐ日用品～業績を伸ばす資生堂

　中国で稼ぐ日用品・化粧品メーカーの代表が資生堂だ。同社は2018年12月期において，売上高が1兆948億2500万円，営業利益は1083億5000万円といずれも過去最高になるという，好決算を計上した。好業績の牽引役は中国事業である。その売上高は前年同期比32.3％増の1908億円，営業利益は116.4％増の235億円と大きく伸びた（図表9）。同社にとって中国事業は，海外部門では米州を抜いて全社の業績に占める割合が最も大きく，伸び率では好調な国内事業をも大きく上回っている。

　中国では現地で手掛けている最高級スキンケア「クレ・ド・ポー　ボーテ」などが人気なうえ，2018年7月には中国政府が主要な化粧品の輸入関税を8％台から2％台に引き下げたことから，日本から輸出してアリババ集団などのインターネットサイトを通じて販売する製品が急増した。日本からの輸出品需要

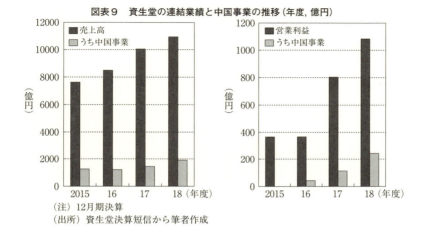

図表9　資生堂の連結業績と中国事業の推移（年度，億円）

（注）12月期決算
（出所）資生堂決算短信から筆者作成

の増加に対応するため，同社は今後，2022年までに国内で約1400億円の増産投資を実施し，能力を増強する計画だ。

　中国では化粧品や食品など，体につけたり食べたりする消費者向けの製品は，同じ日本企業のブランドでも，中国で現地生産した製品より日本で生産した輸入品の方が「より安心」というイメージが強い。また，化粧品などは電気製品と違って，かさばらず持ち運びが容易なため，訪日中国人客が大量に買い込んで中国に持ち帰り，知人らに配りやすい。訪日客に人気の商品は，自然と中国でファンが増えていく構図といえる。

　このため，菓子やおむつ，粉ミルクなども対中輸出が伸びている。これらの製品を手掛けるカルビー，明治，ユニ・チャームといった企業は資生堂と同様に，日本国内の設備増強を急ぎ，中国向けの輸出を拡大しようとしている。

5.2　急ブレーキの工作機械と日本電産ショック

　中国の経済減速の影響を大きく受けているのが工作機械だ。

　日本の工作機械業界はここ数年，中国の電子機器や自動車メーカーからの引き合いが強く，活況を呈してきた。日本工作機械工業会の発表によれば，2018年の受注総額は前年比10.3％増の1兆8157億円。10年ぶりに過去最高を更新した17年実績を，さらに大きく上回った。受注増の理由は，17年から18年前半ま

第5章　好転する日中関係　膨らむ商機

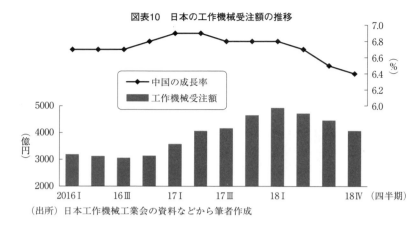

図表10　日本の工作機械受注額の推移
（出所）日本工作機械工業会の資料などから筆者作成

で続いた中国需要の盛り上がりだった。

　しかし，中国の成長率が減速し始めると，受注額の増勢にもはっきりとブレーキがかかった。四半期ごとの動きを見ると，2018年の第二四半期から成長率が下がり始めると，それまで右肩上がりで増えてきた受注額も減少に転じていることがよく分かる（図表10）。2018年10月の受注額は前年同月比で0.7％減の1396億円と，16年11月以来，23カ月ぶりのマイナスを記録。このうち中国向けは36.5％減と大きく落ち込んだ。月別では，それ以降，19年1月まで4カ月連続で前年実績割れが続いている。

　日本工作機械工業会は2019年の年間受注見通しを18年比で12％減少すると予測している。報道によれば，同工業会の飯村幸生会長はその理由を「中国で生産過剰による緊縮策の影響やスマホの低迷，先鋭化する貿易摩擦などの複合的なマイナス要因から，設備投資の手控え感が出てきたため」[3]と説明している。

　工作機械だけでなく，中国経済の動向は産業用ロボットなどを出荷してきたメーカーの業績にも影を落としている。最大手，ファナックの2018年10～12月期連結業績は，売上高が前年同期比20％減の1511億円，営業利益は42％減の357億円となった。売り上げの約2割を占める中国向けが数値制御装置など工場の自動化関連で振るわず，56％減となったことが大きく響いたという。こ

のほか，中国向けロボット用モーターなどに強い日本電産も2019年3月期の連結純利益について，最高益更新を見込んでいた従来予想が一転して，前期比14％減になるとの見通しを発表している[4]。これまで着実に業績を伸ばしてきた同社が突然の減益予想となり，市場には大きな衝撃が走った。

6. 新たなチャイナ・リスク

　1990年〜2000年代に沸き起こった対中投資ブームは，中国の高度成長に裏づけされていた。高度成長の時代が去り経済動向が不安定になる中，中国ビジネスは業種によって好不調が大きく分かれる状況となっている。このため，これからの中国ビジネスを考えるうえでは，緩やかな減速傾向に入ったマクロ経済の状況がどうなっていくのか，よく見極める必要があるが，さらには，かつてはなかった，新たな「中国リスク」にも注意しなければならない。厳しい独占禁止法の運用や環境規制はその典型例だろう。そして，2018年に顕在化した米中摩擦が日本企業に及ぼす影響にも目が離せない。

6.1　外国企業が標的？〜独占禁止法

　2018年8月，中国で独占禁止法が施行されてから，ちょうど10年が過ぎた。この間，同法に基づいて，カルテルの摘発や企業のM&A（合併・買収）の審査がなされてきたが，その多くは外国企業がターゲットとなっている。裁量体質は相変わらずで，きちんと公正な審査がなされたのか疑わしいケースは少なくない。海外からは「独禁法は自国の産業保護が目的ではないか」との批判も出ている。

　2018年7月，米半導体大手クアルコムはオランダの車載半導体大手NXPセミコンダクターズに対する5兆円規模の買収を断念した，と発表した。中国当局による独禁法審査が長引いたためだ。中国側は「不承認ではなく，審査期間を延長しただけ」と説明したが，関係者の間では実質的な不承認だった，との見方が強い。

　海外での大型M&A案件に関する審査に時間をかけ，容易に承認しない例はこれだけではない。経営再建のため半導体子会社の売却を計画した東芝も，

112   第5章　好転する日中関係　膨らむ商機

中国の審査に時間がかかった。最終的には承認されたが，予定していたタイミングが大きくズレたため，一時は計画を断念することも検討した。クアルコムにしても東芝にしても，M&A案件の対象だった半導体は，中国が国を挙げて国産化を急いでいる分野である[5]。

　また，クアルコムの審査が行われた時期は，ちょうど米中摩擦が激しさを増していたこともあり，「審査に政治的な介入があったのではないか」と疑う向きもある。米中が歩み寄りの道を探った2018年12月の首脳会談において，習近平国家主席は「クアルコムが買収計画を再提出すれば承認することに抵抗はない」と話したという。米国側に一定の歩み寄りを示したつもりなのだろうが，独禁法の審査に指導部の意向が強く働くことをうかがわせる発言と言える。

　カルテルの摘発も外国企業が標的になる例はある。日本企業では，2014年に自動車部品メーカー12社が摘発されている。もちろん中国企業も摘発対象になっており，件数では中国企業の方が圧倒的に多いのだが，外国企業は中国企業に比べて，多額の制裁金を課されるケースが目立つという。

　審査に時間がかかるなど独禁法の運用にゆがみが生じるのは「法施行から10年過ぎても独禁当局の体制が脆弱なままだから」との指摘もあった。当局も体制強化の必要性は認めており，2018年4月には独禁法に関する行政を総括する組織，国家市場監督管理総局が創設された。

　それまで法執行は，①商務省が主にM&A，②国家発展改革委員会が価格不正，③工商総局は市場での支配的地位の乱用などその他の独占行為——と，3つの部門が別々の分野を担当していた。先進国は独占禁止法の執行体制を統一しているが，中国はこのように監督部門によって法執行の方法も統一されていない弊害があり，企業の独禁法への対応をより複雑にしていた。国家市場監督管理総局の創設は体制強化とともに，こうした問題の解消を図ったものと見られる。

　もっとも，当局の体制強化だけで，独禁法の運用が先進国並みに行われるようになるかどうかは，なお不透明だ。特に中国政府が産業育成に力を入れる分野においては「脱裁量」は難しいかもしれない。日本企業も対中ビジネスにおいては，常に独禁法を意識することが必要だろう。

6.2 一刀両断の環境規制～工場移転を検討する日系企業も

　習近平政権は発足以来，一貫して環境対策に力を入れている。関連する法律の整備が進み，法に違反した企業は厳しく罰せられるようになった。環境対策が十分でないと，中国企業であろうが外資企業であろうが，その活動は大きく制約される。

　中国は2015年1月，25年ぶりに全面改正した「環境保護法」を施行し，環境規制の強化に乗り出した。李克強首相は施行直後の全国人民代表大会における演説で「法規に違反する企業はどんな企業であろうと，法に基づいて，その責任を追及する」と述べ，環境保護のための極めて強い姿勢を示した。

　改正された同法では実際に，違反した企業への罰金の上限がなくなったほか，当局に工場閉鎖など法執行の権限を持たせた。これにより，全国で環境対策を怠ってきた企業が強制的に操業停止に追い込まれるケースが相次いだ。

　厳しい取り締まりは今日でも続いている。生態環境省の発表によると，2018年1～11月に法律違反により工場の生産を制限・停止させたケースは全国で6196件。地域別で最も多かったのは江蘇省で次いで広東省，安徽省の順だった。罰金額は9億8500万元にのぼる。

　査察団が取り締まりに入ると，現地の工場や工事現場は長期間，活動を停止させられるため，違反がなくても工業生産が大きく落ち込むという現象も起こっている。特に大気汚染が深刻化する冬場の東北地方では，環境規制が経済活動に与える影響は大きいとされる。また，2018年1月には環境保護税も導入され，四半期ごとに「大気」「水質」「固定廃棄物」「騒音」の4項目に対して企業から税金を徴収するようにもなっている。

　環境規制の強化は国内だけでなく，海外にも影響を及ぼし始めている。日本では2018年半ばから，衣料品用の染料価格が高騰し始めた。卸値は5年前に比べると2倍以上に高止まっている状況にある。染料の最大の生産国は中国なのだが，18年春ごろから環境規制を満たさない工場の操業停止が相次ぎ，供給量が大幅に減少した。このため，日本の市況が上がっているのだという。

　環境規制の取り締まり対象の多くは中国企業だが，外資系企業も決して例外扱いになるわけではない。ジェトロ上海事務所が中国に進出する日系企業を対象に実施したアンケート調査（図表11）[6]によると，直近1年間で政府から何

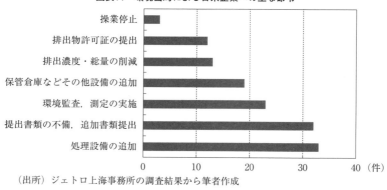

図表11　環境当局による日系企業への主な命令

(出所) ジェトロ上海事務所の調査結果から筆者作成

らかの指導があったという企業は，実に全体の47％もあった。指導の内容は処理設備の追加命令が最も多く33件。操業停止を命じられた企業も3社あった。

規制強化に対応するため，政府の命令の有無に関わらず，62％の企業は処理設備の追加など自主的な取り組みをしたという。取り組みをした企業の93％は何らかのコストが発生し，うち「大きな損失・コストが発生した」という企業は37社あった。一連の環境規制については，全体の64％は「十分厳しいが対応可能」としているが，19社は「厳しすぎ・事業の継続が困難」，12社は環境規制による工場移転を検討している，と回答している。

日本は世界で環境対応が最も進んでいる，とされてきた。しかし，今や中国は世界で最も厳しい環境対応を求める国となっており，日系ですら「事業継続が困難」と音を上げる企業があるほどだ。環境保護税の導入など新たな措置も次々に打ち出されている。企業は日本の本社も含めて情報収集を強化し，機敏に対応できる体制を整える必要があるだろう。

6.3　米中の対立がもたらす影響

日中間の経済関係には追い風が吹きつつあるのだが，一方で，日本企業の中には手放しで喜べない雰囲気もある。米中関係の余波が日本に及ぶ懸念があるからだ。中国と関係が悪化する米国は，日本にとっては中国と同様に重要なビジネスパートナーである。「日中」の友好ムードに乗るのはいいが，「日米」の

バランスを欠くと，逆に米国の反発を招くリスクを生じかねない。

2018年秋に都内で講演した対米外国投資委員会（CFIUS）元議長のクレイ・ローリー氏は，中国企業との合弁企業を持つ日本企業が今後対米投資をする場合，CFIUS の審査が以前より厳しくなる可能性を示唆した。CFIUS は外国企業による米国企業買収が安全保障上，問題ないかどうか審査する機関である。中国企業の対米投資の急増を受け，同年8月から審査権限がより強化された。ローリー氏の発言は，中国企業だけでなく，それと関係の深い第3国の企業にも米中対立の影響が及ぶ懸念を示している。

実際に，ローリー氏の懸念を裏付けるような事態は起きている。LIXIL グループは2018年10月，イタリアの建材子会社を中国企業に売却する案件がCFIUS から承認されなかったことから，売却を断念したと発表した。建材という米国の安全保障とはあまり関係がなさそうな分野でも，「中国関連」というだけで横槍が入った恐れがある。

7．日本企業に求められる「覚悟」

米中関係の悪化は外国企業の対中ビジネスをより複雑にしているように思える。当事者である米国の少なくない企業は，トランプ政権の下で中国事業を見直さざるを得なくなっている。

では，日本企業はどうだろうか。前述したように，日中平和友好条約の発効から今日までの40年間は，数多くの日本企業が中国に進出し，自社の利益を生むとともに，改革開放の成功に貢献してきた。まさに日中両国は互恵の関係をもって，ともに発展してきた。今後も様々な曲折があっても続くであろう，この関係を思えば，米国の干渉を恐れて，中国との付き合いを簡単におろそかにするわけにはいかない。

経済が緩やかな減速局面に入ったとはいえ，いまだに中国は世界的に見て，巨大で有望な市場であることにも変りはない。国際情勢が複雑化する中で，逆に日本企業にとっては中国市場を開拓するチャンスが生まれているとも言えよう。各国のライバルがしり込みする中，しっかりと中国に根を下ろすことが肝要である。

116　第５章　好転する日中関係　膨らむ商機

　ただし，独禁法や環境規制の強化など，これまでになかったリスクも顕在化している。常に中国の政策動向に注意し，適切な対応がとる必要もある。

　そのうえで，中国とどう向き合い，ここから何を得るのかを改めて考えたい。長期的な視点のもとに対中ビジネスに挑む「覚悟」が，いまこそ日本企業に求められている。

［注］
　１）2018年12月３日に都内で開かれたシンポジウムでの発言。
　２）https://www.jetro.go.jp/world/reports/2018/01/b8f158363e4b63f3.html
　３）2019年１月10日　日本経済新聞朝刊
　４）2018年１月17日　http://az369030.vo.msecnd.net/pdffile/corporate/190117-01.pdf
　５）中国の半導体国産化の動きは，本書第３章に詳しい。
　６）「2018年　進出日系企業に対する環境規制調査アンケート」調査期間2018年８月17日〜９月19日，有効回答195社。https://www.jetro.go.jp/ext_images/_Reports/01/e8c0dc2482a52c52/20180027.pdf

第6章（講演録）

習政権，一極集中から集団指導制へ変化
―― 米国との関係改善，重要な日本の役割

宮本アジア研究所代表（元駐中国大使）
宮本雄二

◉ポイント

▶ 中国の政治状況は潮目が変わり調整の段階に入った。権力の集中と「集団指導制」の実際の運用が始まり，習政権は「新たな集団指導制」へと移行しつつある。

▶ 1期目の習近平政権の対外強硬姿勢は，欧米の反感も買った。米国のトランプ大統領の側近には対中強硬派が増えており，米中の対立は容易に解消されない事態となっている。米中関係を改善するため，日本の役割は重要である。米国に中国の考え方を正確に伝えて，双方が歩み寄る余地を作る努力をすべきだ。

▶ 日中関係は良好な状態へと移行しつつある。この好機を捉えて，企業は中国ビジネスを発展させて欲しい。ただ，安易な進出は禁物。事前の調査が非常に重要である。

＊本章は2018年10月18日に行われた研究会での講演内容をまとめたものです。

1．中国に対するいくつかの視点

1.1　米中対立の本質は何か

　米国と中国の対立を巡って，「その本質は技術を巡る攻防である」という主張をしばしば耳にする。

　覇権国は新興の覇権国に取って代わられることを恐れるがゆえ，高い確率で戦争が勃発するという「トゥキディデスの罠」も最近，話題になっているが，米中という2大核保有国は軍事的な衝突を起こすわけにはいかず，戦争に替わるものとして，技術の優位性を争うようになっている。したがって，中国に対しては日本を含めて技術を守らなければならないが，日本の体制は不十分であるという。

　こうした主張に異議を唱えるつもりはない。そうだと思う。ただ，注意しなければならないのは，米ソの冷戦時代において，ソ連の軍事技術はほぼ米国に追いついており，さらに分野によっては米国を追い抜いていた，という事実である。

　冷戦時代に西側諸国は，対共産圏輸出統制委員会（ココム）という国際的な枠組みを築いた。ココムによって共産圏向けの輸出は大きく制限されたが，それでもソ連は米国に対抗できる軍事技術を得た。かなりの部分，ココムの網を掻い潜って米国から技術を手に入れたのである。いくら体制を整備しても，完全に技術を守ることは不可能と言える。

1.2　着実に前進している中国

　中国との技術を巡る攻防に勝つためには，流出防止もさることながら，常に自らの技術が優位になるよう努力すべきであろう。米国が中国と戦うには，トランプ大統領の政策とは真逆のことをするべきで，例えば移民を積極的に受け入れてみるべきだ。外国の優秀な人材を優遇して活用するような米国になるなら，中国に対する恐れもきっと杞憂となるだろう。米国の強みは，外に開かれた寛容さにあったはずである。

　技術の面だけでなく，中国は国全体が確実に前進している。我々日本人が陥

り易いのは，日本の標準だけで中国を見て評価してしまうことだ。それでは正しい中国の状況が分からない。

　例えば，新しい政策を導入する時，日本では失敗したと見なされるぐらいの成果しかなくても，中国なら十分に成功したと評価される。中国は「優」「良」「可」のうち「可」ほどの成績を積み重ねながら，40年に渡る改革開放路線を着実に歩み続けて，今日の地位を築いたのだ。あれほどの大国を発展させるには，誰もが満足するような「優」の政策を実施することは難しい。完璧な政策ではないから様々な問題も起きるのだが，ほどほどの成果を残しながら，確実に前に進んできた。

　こうした感覚を持っていないと，中国に対する見方を誤りやすい。中国の話をするに際して，まず，この点を強調しておきたい。

2．大きく変化する中国政治の方向性

2.1　権力の集中を急いだ1期目の習政権

　さて，中国の政治状況に話を移したい。内政の状況はここに来て，潮目が変わったといえる。

　2012年に習近平政権が発足し，その後の5年間，中国は習政権に権力を集中させ，その権威を確立すべく突き進んできた。想像を絶するような反腐敗闘争をはじめ，一連の方策は全て政権発足前から水面下で入念に練られていたものであったと思う。地位の低い末端の役人にまで反腐敗闘争を徹底したことで，全国に習氏の思想，理念が行き渡ることにもなった。

　汚職の摘発とともに，様々な規則，ルールづくりにも取り組み，効率的な行政の仕組みを作ってきた。一期目の習政権の狙いは，こうした取り組みを通じた国や共産党，軍の大幅な改造であり，中国の統治のやり方を見直すことにあったと言える。

　様々な改革を断行するためにも，権力の集中は必要だったが，過度の一極集中は，毛沢東時代を想起させるような「個人崇拝」につながる恐れもあった。

　中国共産党は文化大革命への反省から集団指導制を導入し，党規約において個人崇拝を禁止している。しかし，トップが権力を握るには，権限だけあって

120 第6章 習政権，一極集中から集団指導制へ変化

もダメなのだ。皆を従わせる力，すなわち個人の権威が権力の裏づけとなる。だから，少なくとも宣伝部門は習氏個人の権威を高めようとした。

中国国内では，これに違和感を持つ人が少なくない。しかし，これは中国共産党の持つ制度的な矛盾，つまり「民主」と「集中」の間の矛盾の表れでもある。民主は集団指導制を求めるが，政策を効率的に実施するためには権力の集中が必要となる。

権力の集中が進み，それまでの「習近平を"総書記"とする党中央」から「習近平を"核心"とする党中央」に変わった結果，「集団指導制」の具体的な配置と役割が再調整されたと言って良いだろう。

2.2 米中貿易摩擦を誘引した2017年の共産党大会

中国国内の調整の矢先に起きたのが，米中の貿易摩擦である。

摩擦の火種は2017年秋の共産党大会における習氏の演説からくすぶり始めた。

「中国の発展方式は独立を保ちながら，早いスピードでの発展を希望する国々に新たな選択肢を与えた」という表現がポイントである。演説文を読みながら，個人的にこの表現は非常に危険だと思った。「欧米モデルではなく，中国モデルこそが世界の発展の選択肢である」という意味にとれ，欧米が「既存の国際秩序に対して，中国がイデオロギー的に挑戦している」と受け止めかねないからだ。

中国が内政において，いかなる政策をとろうとも，欧米は声高に批判することはない。しかし，中国の発展モデルを第3国に輸出するような動きを示せば，欧米は「世界秩序を揺るがす」として，必ずや強く反発する。

党大会の演説で示された，2050年までの中国の発展目標も火種となった。習氏は共産党による統治の正当性を保持して中国をまとめあげ，発展を続けていくと言いたかっただけだろうが，米国はそうは受け取らなかった。

2.3 国家主席の任期撤廃が欧米に与えた衝撃

かつて鄧小平氏は，1989年の天安門事件において若者の間で共産党批判が起きたことに衝撃を受け，共産党の統治の正当性を裏付ける歴史教育の重要性を

訴えるようになった。それが江沢民政権における愛国主義教育へとつながった。歴史的に功績が大きい共産党が統治することは中国にとって大切である，という理屈を国民，とりわけ若い世代に理解させようとした。

　しかし，社会の世代交代が進むと，歴史に基づく愛国主義によって党への忠誠を保つことが難しくなる。今日，中国の経済力も鄧小平や江沢民氏の時代より，遥かに大きく発展した。習氏はそうした変化をとらえ，歴史的な功績よりも将来に向けたさらなる発展目標を高く掲げ，「目標実現のためには共産党が必要なのだ」と，党の統治の正当性を裏付けるためのロジックを変えた。2050年という長期的な目標，まさしく「中国の夢」は党の存在意義そのものとも言えるのだ。

　したがって，長期目標はあくまで国内向けのメッセージだったのだが，米国はこれを聞いて，「中国は2050年までに米国を追い抜こうとしている」と考えた。長期目標を米国への挑戦と受け止めたのだ。

　そして，2018年春の全国人民代表大会（全人代）で国家主席の任期撤廃が決まると，欧米は習氏が着々と権力基盤を強化して独裁体制を整えている，と判断した。「中国は我々が期待していたのとは，まったく異なる方向へと歩んでいる」との思いを強めたのである。欧米と同じ民主主義国家とは，およそかけ離れた「独裁国家へと突き進む中国」というイメージがますます強まり，中国に対する見方は以前にも増して厳しくなった。

2.4　対日感情には変化も～修正された歴史認識

　話は少しそれるが，習氏の未来を重視する姿勢は，日本にとってはプラス材料となる副産物ももたらした。中国の日本に関わる歴史認識が修正されたのだ。

　ある米国在住の中国人研究家の意見だが，江沢民氏は愛国主義教育を推進するために，それまでの毛沢東氏が標榜した「勝者の歴史観」を「被害者の歴史観」に変えた。歴史の被害者である中国を救った共産党は偉大である，という主張だ。私は習氏がこの「被害者の歴史観」をもう一度，「勝者の歴史観」に戻したと思っている。

　第２次世界大戦における中国共産党の位置づけは微妙な側面もある。一連の

戦後処理が行われた1945年から49年までの5年間は，国民党が中国を代表していた。大戦における中国の勝利も国民党が主導したものであり，国民党政権を打倒した共産党がそれをそのまま賞賛することは難しい，という意味である。

習氏はこの点には触れず，中国はあくまで「反枢軸国」の1つとして日本と戦い勝った国であり，戦後の国際秩序の構築にも貢献したと主張した。戦勝国としての中国を強調したのであり，「勝者の歴史観」に戻したと言える。こうなると，敗戦国である日本は，「被害者の歴史観」を掲げた江沢民時代に強調された「加害者」としての役回りが小さくなってくる。

しばらく前の話だが，福田康夫元首相が「南京大虐殺記念館」を訪問され，その感想として「日本人の感情を刺激するような展示が減っている。ほぼゼロになった」と話されていた。私も半年ほど前に見学した北京市郊外の抗日戦争記念館で，同じ様な印象を持った。習氏による歴史観の転換は日本に対する見方も変え，それが具体的に記念館の展示物に反映されたのだろう。

2.5 新しい形での集団指導制

習近平政権の第1期目における対外強硬姿勢は，国内外に多くの反作用を生んだ。そこに米中貿易戦争が追い討ちをかける形となり，一時は共産党内部の対立が先鋭化したとされる。しかし，対立が表面化することはなかった。私は2018年8月の北戴河会議を経て，指導部や長老たちとの間で暫定的な了解が成立したためだと思っている。すなわち「新しい形での集団指導制」が始まったのだ。

1期目の習政権においても，形の上では「集団指導制」を敷いてはいたが，習氏以外の幹部はどういう役回りなのか，はっきりせず，互いの関係も曖昧だった。最近になって李克強首相の活躍の場が広がっている。「新しい形での集団指導制」が始まった，1つの表れなのだろう。

中国共産党はあまりに大きな問題を，あまりにも数多く抱えている。人民解放軍の改革は一応の方向性は示されたが実行はこれからだし，国有企業改革に至っては具体的な進展は少ない。多くの中国のエコノミストは，国有企業改革なくしては経済の質的な転換は図れない，と口をそろえる。

改革には既得権益との戦いが必要だ。そのためには習氏が強大な権力を持っ

ていなければならないが，権力の集中は国内外からの反発を受けて，２期目の習政権では逆に制限されようとしている。

2.6　２期目の課題は経済のテコ入れと対米関係の改善

習政権は今後，大きな改革にどこまで取り組めるのか。「新しい形での集団指導制」の下，指導部全員が一致団結すれば，改革に必要な力はもたらされるだろうが，それでも既得権益との戦いは容易ではない。

習政権の２期目の課題は国内経済のテコ入れと対米関係の改善にある。外交における失点は内政における責任問題にすり替えられがちで，外交がゆらぐと内政も動揺するのは，どこの国でも同じである。したがって，習政権は当面，対米関係の再構築に力を入れざるを得ないだろう。また，貿易戦争による輸出の低迷を補うために，国内では金融や財政政策を通じたテコ入れが避けられないが，公共事業のばら撒きなどをすれば，折角進めてきた構造改革が遅れてしまうという懸念もある。

３．中国の外交政策と米中関係の行方

3.1　尖閣問題と南シナ海の領有権～胡錦濤政権で始まった積極外交

中国の外交について考えたい。中国の外交政策はそれまでの韜光養晦（とうこうようかい）と呼ばれる慎重姿勢から，胡錦濤政権下で積極外交へとギアチェンジをした。現在の強硬姿勢をもたらしたのは習政権だけの考えではなく，前政権の延長線として習氏が推し進めているに過ぎない面もある。

胡政権は領有権問題では一歩も譲らないという強硬姿勢を強めた。従来の主張は台湾やチベットなどを「核心的利益」としてきたが，それに南シナ海を加える言論も増えた。世界はこうした中国の外交姿勢の変化を「実力による現状変更」「拡張主義の始まり」とみなした。

2012年の尖閣問題が引き金となり，国内の激しい反日の機運も手伝って，対外強硬姿勢は一段と加速された。尖閣諸島に加えて，南シナ海では「南沙諸島」，「中沙諸島」などで領有権を主張し，ベトナムやフィリピンなどの国々との関係が緊張した。

124 第6章 習政権，一極集中から集団指導制へ変化

こうした状況に強い危機感を抱いた米国は，尖閣諸島は日米安全保障条約の対象であるということを明確にして，中国に強いメッセージを送った。この結果，尖閣問題は「日米」対「中国」という軍事バランスの中で安定していったが，南シナ海に対する米国の姿勢は明確でなかったため，中国は人工島の建設など既成事実化の動きを加速させた。フィリピンは国際仲裁裁判に訴えたが，中国は裁判の結果に従わず，これにより米国はさらに中国への不信感を強めることとなった。中国はわずかな領土的な利益を得るために，大きな国際的信用を失ったともいえる。

3.2 長期化避けられぬ米中の対立

習政権を見る米国の目は厳しさを増している。もともと保守派の対中感は厳しかったが，あくまで少数派だった。多数を占める中道派の多くは，中国に関与する政策を継続することで，中国は国際組織の擁護者となり，いずれは米国のような国になるだろうと思っていた。それが先ほど述べたような，2期目に入った習政権の強硬姿勢を見て，期待は裏切られたと思い，中道派の対中感も劇的に変化した。今や厳しい見方こそが，米国のコンセンサスとなってしまった。この状況は長期間，続くだろう。中国は非常に厳しい立場に追い込まれた。

中国にとって頭が痛いのは，トランプ大統領の考え方が読めないことに加えて，その周辺にいる人間の姿勢がトランプ氏よりもさらに強硬であることだ。トランプ氏自身は理念や理屈というより，貿易赤字の削減など選挙公約を遂行することを第一に考えている。したがって，もし中国が米国の貿易赤字削減に貢献するならば，トランプ氏も中国に歩み寄る可能性はある。

しかし，大統領周辺の対中タカ派はそう簡単ではない。例えば，かつてブッシュ（子）政権でチェイニー副大統領らとともにネオコン（新保守主義派）の一角を占めたジョン・ボルトン大統領補佐官はその代表だろう。技術立国を目指す中国の台頭を抑止するため，非常にロジカルに中国の嫌がるような手段を繰り出してくる。こういう人たちがトランプ政権の対中政策を策定しており，中国にとっては非常に厄介な存在といえる。彼らが政権の中枢に座り続ける限り，米中の構造的な対立は続くだろう。

4．日本が果たすべき役割

4.1　日中関係改善へ歩みを進める好機

　対立の長期化は日本にも悪い影響を及ぼす。日本は両国の関係改善に向け，間に立って何らかの役割を果たすべきだ。両国との対話を重ね，双方が歩み寄れるボトムラインを探って，それに向かって対立を軟着陸させる知恵を出していくべきである。

　天安門事件の際，日本は中国を批判する米国との間に入って，中国が国際社会に復帰するための一定の働きをした。30年が過ぎ，今また日本外交は米中の衝突を回避するという，大きな役割を担うべき状況となって来た。

　米中の対立に終止符を打つにはどうしたら良いのか。米国が先に振り上げた拳を下ろすとは想像しにくい。中国の方から，国際社会の運営ルールについて，自らがこれを変えようという意図がないことを明確にすれば，米国も理解を示すかもしれない。

　習氏も最近，中国の外交方針として，国際ルールを守り，これを中国が変えるつもりはない，といった発言をするようになった。私はその趣旨を「中国は欧米にばかり有利なルールを修正して欲しいと言っているだけで，ルールそのものを破壊する考えはない」ということだと理解している。

　しかし，残念なことに欧米社会はそうは受け止めていない。習氏の言葉は容易に信用されないようになってしまった。習氏は行動を持って，欧米が納得するよう努力するしかない。そのために，日本は中国と協力していくべきである。

　もっとも，米中が正面からぶつかり合うことは想像しにくい。中国は自制して，米国との正面衝突を回避しようとしている。一帯一路構想にしても，ロシアやアフリカとの関係強化にしても，米国と真正面からぶつかるものではない。

　米国との衝突を招く可能性があるとすれば，それは中国が南シナ海において領有権や軍事力を拡大したときである。もし，ここで軍事化を急ぐようなことがあれば，必ずや圧倒的な軍事力を持つ米国と正面衝突する。中国もそういう事態は望んでおらず，冷静に米国の軍事力を分析して，無理な動きはしないと

思う。米国の軍事力を背景に持つ日本との関係を悪化させないため，尖閣諸島を含む東シナ海についても慎重な姿勢となろう。

日本と中国の間では，9月に安倍晋三首相が習氏とロシアで会談し，さらに10月には安倍首相が訪中する予定となっている[1]。安倍訪中が実現すれば，関係改善を一段と進める契機となるはずだ。もちろん，両国の間には問題も数多く存在するが，少なくとも日本にとって，最大のネックとなっていた南シナ海，東シナ海における中国との摩擦は当面，沈静化する。したがって，日本は中国との関係を前に進める良い時期に入っていると言える。

9月の安倍・習会談では東シナ海の情勢が議論され，双方は東シナ海を「平和友好の海」とすることで一致したという。これは極めて重要な合意である。「平和友好の海」というのは，両国による東シナ海の共同開発を意味する。かつて鄧小平氏が主張した「尖閣問題は棚上げし日中合弁による開発事業を進める」という構想が，首脳会談を通じて現実のものとなっていくことを期待している。どこまで事態が進むかは，ひとえに習氏が国内の反発する勢力を説得できるかにかかっている。

幸い，中国の中では日本の重要性を再認識する人が増えている。末端の国民にまで浸透しているとは言えないが，少なくとも政策決定に携わるレベルの人々の日本を見る目は，明らかに変わって来ている。今日のような国際情勢において，経済の面，さらには社会のソフトパワーの面，外交の面など多方面において，中国にとって対日関係の安定化が重要になっていることを，彼らは理解している。

4.2 日本企業に期待すること

では，そうした日中関係において，企業はどのような行動をとるべきだろうか。

忘れてならないのは，中国のみならず，世界のどこにおいても，安全なビジネスというものはない，ということだ。米国には訴訟リスクがあり，理にかなわない多額の賠償を支払わせられる企業がある。治安面で常に危険と隣り合わせの国もある。

中国においても，リスクだけを恐れるのではなく，冷静に収益性を調べて，

チャンスがあるなら是非，進出していただきたいと思う。中国市場は間違いなく日本企業にメリットをもたらしてくれる。

ただ，事前の調査は大切で，これには十分な時間をかけるべきだ。私が北京市にいた時，「もう少し調べておけば，あんなことにはならなかったのに」という企業が少なからずあった。中国のことを良く知った人間に，アドバイスを求めることも必要だろう。

中国は変化が激しい国である。急速に変化し，成長し，新しい市場が生まれている。対中ビジネスの勝利の方程式というのも数多くあって，「これで決まり」という定跡はない。ケースによって，すべて状況が異なる。その都度，ベストの方策を探さないといけないが，必ず勝利する方策はある。

ビジネス環境は日々，改善されている。例えば知財の問題でも，半年前と今を比べると，大きく状況は良くなっている。ある日本企業は中国で開かれた見本市で自社製品の模倣品を見つけ，当局に通報したら，直ちに取り締まりが入り，模倣した企業が処罰されたという。以前とは比べ物にならないほどのスピードだ。知財問題は李首相ら指導部が非常に重視している。グローバル・スタンダードに歩調を合わせているとも言える。

2018年4月，海南島で開かれた博鰲（ボーアオ）アジアフォーラムの演説で習氏は「投資を自由化し，便利にする」「中国的な特色のある自由貿易港を建設する」など，新たな対外開放の姿勢を示した。実現性を危ぶむ声もあるが，私はこの演説は今後の中国の方向性を示したものだと考えている。そうでなければ，米中貿易戦争の打開は不可能だからだ。さらなる開放政策にしたがって，中国国内のビジネス環境も市場も一段と改善されていくだろう。

5．質疑応答

Q 習近平政権が変化している背景には，米国との関係に加えて，中国国民の価値観の変化もあるのではないか。価値観が多様化し，必ずしも国民全員が共産主義を信奉しなくなっている中で，国民をまとめていくには「中国の夢」といったスローガンを掲げざるを得なくなっているのではないか。国民の側の変化をどうみたらよいのか。

宮本 習氏が国民の価値観の多様化に応えるために「中国の夢」を掲げたという見方はどうだろうか。「中国の夢」はナショナリズムの1つの形態であり，一部の人には響くだろう。しかし，多様化した価値観を1つのことで満足させることは難しい。そもそも「中国の夢」は，どこまで計算されたものなのだろうか。これから試行錯誤を重ねながら，さらに内容の充実を図り，国民に響くものにしていく，ということだろう。

　他方，中国のある有識者は「米国との衝突を見て，国民の間では政権への疑念が湧く一方で，米国の中国に対する要求があまりに米国の利益ばかり追求し，中国を一方的に押さえ込もうという内容であればあるほど，国民は中国共産党を支持するようになる」と話している。中国がトランプ大統領の主張に理念や価値観を感じていないことの現れともいえるが，だとしたら，米中の対立が結果として，中国国民を団結させ，「中国の夢」の実現に向かわせていることには，なるのかもしれない。

　国民の価値観の多様化に対応するには，やはり統治のメカニズムを整えなければならない。ただ，私はそれが民主主義になるとは思わない。国民のニーズを吸い上げて迅速に対応するメカニズムにすればいいわけで，必ずしも民主主義である必要もないかもしれない。

　統治の改革は共産党が避けて通れない挑戦となるが，彼らは自分たちが制御できない体制や枠組みに対して異常なまでに警戒心を抱く。少なくとも末端のコミュニティの行政は自発的な管理に任せた方が効率的なのだが，共産党は隅々までコントロールしようとするため，統治のメカニズムはなかなか改革されない。価値観の多様化と共産党支配の矛盾と言える。

Q　中国の外交姿勢が強硬になった背景に存在するのは軍なのか，保守派なのか。

宮本　キーワードはナショナリズムだ。1990年代半ばに在米の中国人学者が「中国でナショナリズムが高揚しつつある。軍や政府など特定の部門だけでなく，社会全体において高揚している」と話していた。外交姿勢の変化も特定の勢力が影響したのではなく，社会全体でナショナリズムが高まったのが最大の理由だ。

2008年にリーマン・ショックが起きると，衰退する米国と発展する中国を比べながら，国民は中国の優位性を実感し，一段と社会がナショナリズムの方向に傾くようになった。そうしたタイミングで尖閣問題が起き，胡錦濤政権は外交姿勢の舵を大きく切った。そうしないと社会の風潮に対応し切れなかったのだ。習氏も海外の反響より国民の考えを基に，強硬路線を引き継いだ可能性はある。

Q 「一帯一路」構想の中国の本当の狙いはどこにあるのだろうか。
宮本 昨年5月の国際フォーラムで習氏が講演し，「一帯一路構想はロシアやモンゴル，カザフスタンなど様々な国の開発プロジェクトと連動できる」と述べている。要するに，各国が連携してアジアから欧州にまたがる広大な地域の発展を考えよう，というのが「一帯一路」構想の主旨なのだと思う。大きく漠然とした理念を掲げて，具体的な方策は各国と話し合おうというのが基本的な姿勢だ。

日本から見ると，中々，実像が描けず，もどかしいかもしれないが，構想そのものがもともと漠然としたものなのだ。もう少し時間が経つと，いろいろと見えてくるだろう。

中国には，「一帯一路」を通じて新しいモデルの発展支援をするのだ，という理念がある。構想は既存の途上国支援を補助するものである，という思いがあるから，多くの国から受け入れられている。だとすれば，色々な批判はあるが，先進国も構想の意義を改めて考える必要はあるだろう。

Q 2期目に入った習近平政権における王岐山氏の役割をどうみたらよいのか。
宮本 習氏はこれまでの共産党の様々なルールを変え，政治局常務委員から一党員に退いた王岐山氏を国家副主席に起用した。さらに憲法を修正して国家主席と副主席の任期を撤廃した。ちなみに，国務院総理（首相）の任期は残している。

胡錦濤政権は懸命に人事制度を合理的に整えようとした。例えば大臣となるためには修士の資格を必要とした。官庁の役人の登用は能力主義を前提とし，

130　第6章　習政権，一極集中から集団指導制へ変化

いかなる干渉も排除しようとしたのだ。これにより，中国の局長や大臣クラス
は極めて優秀な人材がそろった。人々はこの人事制度を評価しているので，習
氏がとった異例の人事にはさまざまな意見もあるだろう。

　王氏は1期目の習政権で中央規律検査委員会のトップとして，反腐敗運動の
先頭に立ち，数え切れないほどの人を処罰した。このため，王氏に反発する人
はもともと多い。

　副主席となった今，王氏本人も出過ぎないように慎重に行動している。た
だ，最近では対日関係に関わる機会が増え，日本の要人とはよく会っている。
王氏は北京市長だったころから，日本のビジネス界などと積極的に交流してお
り，良好な関係にある。今後の日中関係で王氏が一定の役割を果たし発言権を
持つのは良いことだと思う。

［注］
　1）この講演は安倍訪中前に行われた。

第7章（講演録）

中国の対外援助と「一帯一路」構想
── 世界に広がる影響力とその課題

早稲田大学理工学術院国際理工学センター教授
北野尚宏

◉ポイント

▶ 「無償援助」「無利子借款」「優遇借款」から成る中国の対外援助の金額は，2004年から目立って増え始めた。優遇バイヤーズクレジット（輸出信用）を含めた資金供与額を見ると，すでに日本とほぼ同じ規模になっている。

▶ 対外援助の支柱となっているのが，「一帯一路」構想だ。周辺国と複数のプロジェクトが設定されているが，すべてが順調に進んでいるわけではない。中国は援助の司令塔となる組織を編成するなど，体制強化を急いでいる。

▶ 被援助国の側には債務負担の増加が問題となっている。中国は返済期限の延長などで個別に対応し始めているが，今後，返済困難な国が増えた場合，どう対処するのか，注目される。また，日中両国の第3国での協力には様々な形がある。

＊本章は2018年11月15日に行われた研究会での講演内容をまとめたものです。

132　第7章　中国の対外援助と「一帯一路」構想

1．はじめに

　中国の対外援助と「一帯一路」構想というテーマで，実例を交えながら，考えていきたい。まず中国の対外援助の実態を見てみたい。中国の対外援助のツールは，2国間援助については大きく分け3つの種類がある。①無償援助，②無利子借款，③優遇借款——である（図表1）。

　無償援助はプロジェクトや一般物資の供与のほか，技術協力，研修事業，医療チームやボランティア派遣などが含まれる。無利子借款は元建てで行い，貸付実行期間は5年，据置期間は5年，返済期間は10年を原則とする。商務省が所管する。優遇借款も元建てで金利は2～3％，返済期間は15～20年，内据置期間は5～7年で中国輸出入銀行（中国輸銀）を実施機関として供与する。

　多国間は様々な国際機関に対する出資金や拠出金である。アジアインフラ投資銀行（AIIB）への払込資本なども含まれる。

　対外援助ではないが，資金供与の手段の1つとして優遇バイヤーズクレジット（輸出信用）もある。ドル建てで，輸出信用ではあるが優遇借款と同等の条件で中国輸銀を経由して供与する。このほか，中国輸銀や国家開発銀行（中国開銀）による商業ベースの融資や基金の活用もある（本章では「対外援助」という用語を，時に援助以外の資金も含めて使うこともある）。

図表1　中国の対外援助ツール

【2国間】

無償援助	プロジェクト，一般物資，技術協力，研修事業，医療チーム，緊急人道援助，ボランティア
無利子借款	元建て，金利0％，貸付実行期間5年，据置期間5年，返済期間10年
優遇借款	元建て，金利2～3％，返済期間15～20年（うち据置期間5～7年），実施機関は中国輸出入銀行
優遇バイヤーズクレジット	ドル建ての輸出信用。対外援助には含まれないが，優遇借款と同等の条件，実施機関は中国輸銀
その他の融資・基金など	中国輸銀，国家開発銀行が供与・設立

【多国間】

出資金，拠出金など	様々な国際機関向け，アジアインフラ投資銀行（AIIB）への払込資本も含む

2. 中国の対外援助の実態

2.1 2004年から増え始めた援助額

ここ数年，中国は「一帯一路」構想の名の下に対外援助を拡大してアジアやアフリカで影響力を増しており，その動きを米国などが警戒するようになっている。では，援助の規模は実際にはどのくらい増えているのだろうか。

中国は実態をつまびらかにはしていない。2010年以降，2回，対外援助の白書を発表しただけで，最近の動向はつかめない。また，経済協力開発機構（OECD）の開発援助委員会（DAC）が定める政府開発援助（ODA）の定義とは異なる定義で数字を計上しているので，他国との比較も難しい。

そこで，DACの定義に基づいて，中国の対外援助額を推計してみた（図表2）。数字は人民元ベースの数字をドル換算したもので，返済資金を含まないグロスの形だ。推計額を見ると，2004年から対外援助額（棒グラフ）の増加が加速し始め，13年まで右肩上がりで増え続けていたことが分かる。

2014年にいったん，伸びは止まったが，15年には再び大きく増えた。この年は特に多国間援助が大きく増えた。これは AIIB に対する資本金の払い込みが始まったためだ。中国はこの年から毎年約12億ドル（約1300億円，援助として

図表2 中国の対外援助推計額（グロス，億ドル）

（出所）Kitano. N. (2018). Estimating China's Foreign Aid Using New Data: 2015-2016 Preliminary Figures. JICA Research Institute.
https://www.jica.go.jp/jica-ri/publication/other/20180531_01.html

計上するのは約10億ドル）を5年間払い続けることになっている。2016年の総額はほぼ前年並みの約66億ドルとなり，伸びは止まったかのように見える。ただ，対外援助には含まれない優遇バイヤーズクレジット（図表2の折れ線）は急激に伸びている。2014年には65億ドルだったが，16年には93億ドルに増えた。援助よりも大きな規模の優遇条件の輸出信用が供与されたことになる。

ちなみに，元ベースの数字では2016年の援助額は15年より増えたが，為替レートが元安に振れたため，ドルベースでは横ばいとなった。また，援助総額から相手国が払った返済額を差し引いたネットの援助額を見ると，16年は58億ドルとグロスの額より約8億ドル少なかった。中国は借款を始めてからまだ歴史が浅いので，グロスとネットの差はまだ大きくないが，今後は大きくなっていくと見られる。

2.2　国際比較すると世界で7番目〜ほぼ日本並みの規模に

グロスの援助額を国際比較して見ると，2016年で最も多かったのは米国で，次いでドイツ，英国，日本の順となり，中国は推計でトルコに次ぐ7番目だった。ネットベースでも中国の順位は同じ第7位だ（図表3）。

中国が増やしている優遇バイヤーズクレジットは，途上国の一部，例えばカンボジアの統計にはODAとして計上されている。そこで，援助を受ける途上国側の視点で見た援助額として，優遇バイヤーズクレジットも加えた額を国際

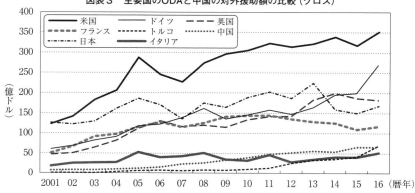

図表3　主要国のODAと中国の対外援助額の比較（グロス）

比較してみるとどうだろうか。2016年の総額は159億ドルとなり，これは日本とほぼ同じ規模になる。このように，定義によって世界における中国の位置づけは異なる。

2.3 被援助国別の借款規模

援助の規模が増えていることが明確になったと思うが，それらはどこに向けられているのだろうか。

中国が2014年に発表した対外援助白書（10～12年）の実績ベースで見ると，援助対象地域はアフリカが最も多く全体の51.8％を占める。ついでアジアが30.5％，ラテンアメリカが8.4％だった。援助した分野は経済インフラが44.8％，社会インフラが27.6％，物資が15％で，インフラ関係が中心となっている。

援助の実態をさらに細かく知るために，被援助国の統計資料などをもとにカンボジア，スリランカ，キルギスの3カ国について，中国の借款の利用状況を調べてみた。

2010年から17年までの数字を合計したものの内訳を見ると，3カ国とも優遇バイヤーズクレジットが最も多く，次いで優遇借款が目立つ。スリランカ政府はこのほか，通常の商業ベースのバイヤーズクレジットや中国開銀が供与する外貨建て借款なども開発金融として借入れている（図表4）。

3カ国のうち，カンボジアについては，インフラを中心に多くの借款を供与

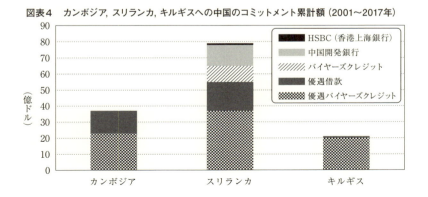

図表4　カンボジア，スリランカ，キルギスへの中国のコミットメント累計額（2001～2017年）

136　第7章　中国の対外援助と「一帯一路」構想

し，中国企業が事業を受注している。カンボジアによる中国の借款利用状況を暦年ベースで見てみると，2012年は前年の2倍近い規模に拡大した。その後は，ほぼ同じ規模で推移している。カンボジア政府は中国からの借款が急激に増減しないよう，政府借入全体の一定割合に保つよう管理しているときいている。

　スリランカは年によって中国からの借款額の規模が大きく変動している。2014年には前年の4倍を越える規模となったが，15年はゼロだった。16，17年は上水道や灌がい案件が増えた。

　キルギスでは中国からの借款を主に道路整備や火力発電所，送変電案件に使っている。中でも注目されるのが「第二南北道路」プロジェクトで，2013，15年に中国が優遇バイヤーズクレジットを供与している。中国側の情報によると，同プロジェクトは中国の建設企業が，マスタープランをキルギス側に提案して案件が形成されたとされる。一方，キルギスは本事業について，自国にイニシアティブがあることを強調しているようだ。

　中国の対外援助は，中国側が相手国にプロジェクトを持ちかけ，資金供与している，といった見方がある。

　これら3カ国を見ると，援助案件は，中国が一方的に働きかけたのではなく，当該国もそれなりの主体性を持って実施しようとしているようにみえる。その時の政権の考え方などによっては，スリランカのハンバントタの港湾や空港のようにフィージビリティがあるようには見えないプロジェクトでも，援助を受け入れるケースはある。やはり借り手側の主体性と賢明な判断が重要であるし，貸し手も経済インフラについてはフィージビリティが見込めない事業には貸さないという姿勢が大切だろう。

2.4　様々な多国間援助も〜AIIBなどを主導

　ここまで2国間援助の実態を詳しく見てきたが，中国はこれに加えて，様々な多国間援助も手がけている。例えばAIIBやBRICS5カ国による新開発銀行への出資である。これは財政から資金を支出している。さらに外貨準備を使って，国際金融公社（IFC）やアフリカ開発銀行などと協調融資を行ったり，シルクロード基金やアフリカ，ラテンアメリカ向けの産業協力基金を設けたり

している。ただし，外貨準備を積極的に活用していたのはその残高が右肩上がりで増えていた時で，現在は一段落している感もある。

　中国の官庁・機関別に多国間援助への支出状況を分析してみると，やはり外務省（中国語名は外交部）の扱いが多い。国連や国連平和維持活動（PKO）への分担金を担っているためだ。ちなみに，中国の国連分担金は2019年度以降，日本を抜き第2位の規模になる。官庁で外務省の次に多いのは財政省（中国語名は財政部）で，AIIBや新開発銀行への資本金払込が生じてから，外務省と並ぶようになった。国際機関への出資や拠出が増えることで，中国の影響力は確実に増しているといってよいだろう。

3．対外援助の柱としての「一帯一路」構想

　中国の対外援助の大きな柱となっているのが「一帯一路」構想である。

　従来，中国は日本と同様に地域ごとに協力の枠組みを持ち，それぞれと対外援助をはじめとする協力のパッケージをコミットしてきた。上海協力機構，東南アジア諸国連合（ASEAN）プラス1，中国アフリカ協力フォーラム，中国・中東欧首脳会議などがその例であり，2000年代ではASEANやアフリカ地域については，概ね3年に1回のペースで大きなコミットメントをするというサイクルがあった。「一帯一路」構想が公表される前から，中国は当該地域との関係を重視していたことになり，構想は，それまでの江沢民，胡錦濤政権が設けてきた様々なコミットメントや支援の枠組みの上で成り立っている，と見る研究者もいる。

3.1　まだら模様の進捗状況

　中国は2013年に初めて同構想を打ち出すと，その後，AIIBやシルクロード基金，新開発銀行，中国南南協力援助基金や国連平和発展信託基金などを続々と設立させた。「一帯一路」構想を軸に対外援助を一気に活発化させたようにみえる。もっとも，構想には複数の回廊・ルートが設定されているものの，必ずしもすべて順調にプロジェクトが進んでいるわけではない。例えば，中国からミャンマー，バングラデシュを経由してインドに至るルート（Bangladesh-

China–India–Myanmar Forum for Regional Cooperation＝BCIM）は一時期，当該国間で議論が進んだようだったが，その後目立った動きはないようだ。最近，中国は多国間より，ミャンマーとの２国間の「中国・ミャンマー経済回廊」に力を入れている。

　最も進んでいるのは，中国・パキスタン経済回廊だろう。ただ，パキスタンは財政危機に陥っており，国際通貨基金（IMF）に支援要請をして，サウジアラビアが資金供与を約束した。これに対する中国の今後の反応が注目される。

　東南アジアのルートは，ラオスでの鉄道建設事業は順調なようだが，その先のタイとの接続は交渉がうまくいかずに，工事も一部着工に止まっている。また，中国・モンゴル・ロシアの回廊も目立った進展はないようだ。

　2017年に「一帯一路国際協力サミットフォーラム」が北京で開催され，ここでも多くのコミットメントが発表された。また，ASEAN とは16年から「瀾滄江―メコン川協力」も始まり，これは今，活発に動いているように見える。

3.2　司令塔としての「国家国際発展協力署」の誕生

　「一帯一路」構想をはじめとする対外援助はどのような組織が担っているのか。最近，組織編制に大きな変化があった。今年４月，中国政府は機構改革の一環として，新たに「国家国際発展協力署（CIDCA）」という国務院直属の援助機関を設けた（図表５）。

　いわば，商務省対外援助局を独立させたもので，ここが対外援助の司令塔となる。外務省からも一部の職員が移籍した。ただし，国際協力機構（JICA）のような援助の実施機関ではなく，政策策定を中心に担当する。日本で言えば，内閣府の外局として「国際開発庁」といった組織ができ，そこが援助政策や予算配分などを取り仕切る，というイメージだろうか。

　国家国際発展協力署の母体である商務省は日本の経済産業省にあたり，中国企業の海外進出支援を担っている。商務省が対外援助を取り仕切ることは，被援助国から「組織として商業主義の色が濃いのではないか」との疑問の声が上がっていた。今回，商務省から独立した機関となったことは，組織の上では商業主義色が薄まり，先進国と同じように，外交の手段としてこれまでよりも洗練された援助を実施できるようになったとも言える。

3．対外援助の柱としての「一帯一路」構想　　*139*

図表5　中国の対外援助実施体制（2018年4月〜）

中国国際救援隊／対外人道主義緊急援助部門間業務調整メカニズム	部門間調整機構：33部門	一帯一路建設工作推進指導小組	発展改革委員会西部開発司一帯一路建設工作推進指導小グループ弁公室

国　務　院

財政部 ／ 中国人民銀行 ／ 国家発展改革委員会 ／ 外交部 ／ 商務部（国際経済貿易関係司／対外投資・経済合作司／（旧）対外援助司） → 発展協力署／国家国際発展知識センター／国務院発展研究センター

OECD開発センター

中国気候変動南南協力基金 ／ 中国国連平和発展基金 ／ 中国南南協力援助基金 ／ （合技術協力）技術援助 ／ 無償援助 ／ 無利子借款 ／ 優遇借款 ／ 優遇バイヤーズクレジット（中国輸出入銀行）／ サプライヤーズクレジット等 ／ 中国・ASEAN投資協力基金等 ／ 中国アフリカ開発基金等 ／ 相手国政府・金融機関融資等（国家開発銀行）

開　発　途　上　国

(出所) Kitano. N. (2018). "China's Foreign Aid: Entering a New Stage." Asia-Pacific Review. 25.(1) 等をもとに作成

　国家国際発展協力署のホームページには，その役割や業務内容が紹介されている。分散した対外援助の体制を調整し，具体的な援助の方針やプロジェクトの決定を担うとしている。ただし管轄する範囲はこれまで商務省が担当してきた無償，無利子借款，優遇借款のみとなるので，権限が組織改編前から大きく拡大したわけではない。

　初代トップに就いた王暁濤氏は，これまでは国家発展改革委員会の副主任として「一帯一路」構想を取り仕切ってきた。王氏の下に商務省と外務省がそれぞれ一人ずつ副署長を出しており，その後，国家知識産権局出身の副署長も着任した。

　国家国際発展協力署の具体的な活動の事例をいくつか紹介しよう。署長，副署長は就任後，すでに数多くの国際援助機関や国際的な財団の代表らと会談している。会談の主なテーマの1つは第3国協力であり，例えば国際児童基金（UNICEF）と覚書を交わし，具体的なプロジェクトも複数挙がっているようだ。

140 第7章　中国の対外援助と「一帯一路」構想

　国家国際発展協力署は南南協力援助基金も所掌している。2017年，カリブ海諸国を大型ハリケーンが襲い，大きな被害が出た。中国は同基金を使って，国連開発計画（UNDP）のカリブ諸国復興プログラムを通じ，アンティグア・バーブーダとドミニカ国に合計500万ドルを供与した。これは金額ベースで欧州連合（EU）に次ぎ2番目となる。

　米国のトランプ政権は国際機関に対して距離を置く姿勢を見せている。そうした国際情勢の中，各国際機関にとっては中国の資金，あるいは援助は魅力的であろうし，中国にとっては大きなチャンスと言えるかもしれない。

　2国間協力も手がけている。その例の1つにフィリピンの橋梁建設がある。2018年8月にフィリピン側が北京を訪れ，島嶼を結ぶ大型橋梁建設のFSを中国の無償資金で行う取り決めを交わした。

　こうした例を見ると，中国の援助はこれまでのように中国企業が案件を探してきて，それにファイナンスがついて入札もなく事業が進むというのではなく，もう少し規範化された形で案件形成を進めていくというステップが踏まれつつあるようにも思える。

3.3　中国輸銀や開銀も体制強化

　国家国際発展協力署は対外援助の政策面の司令塔だと説明した。援助の実施部隊としては現在，無償・無利子借款プロジェクトと技術協力を担当する商務省国際経済協力事務局などがある。実施部隊には今回は手をつけないことになっているが，これらの組織が今後とも商務省の中にあり続けるのか，それとも国家国際発展協力署に所管が移行するのかは不明だ。将来的には，何らかの形で権限を国家国際発展協力署に寄せていくのではないか，との見方もあるが，商務省の場合，現状，対外援助予算が省の予算全体の多くを占めている。予算を含めて援助実施組織を今後，どう編成していくか，国内調整の行方が注目される。

　借款を担当する中国開銀と中国輸銀も体制の強化に取り組んでいる。両行は2015年，「一帯一路」構想への参画を視野に，外貨準備を活用して中国開銀は480億ドル，中国輸銀は450億ドルの資本増強を実施した。また，両行とも設置法がなく，運営や管理のためのルールを定めた法整備が遅れていた。中国銀行

業管理監督委員会は18年1月から，両行に対する初めての監督管理弁法を施行している。当局は「一帯一路」構想をにらみ，資金，法律の両面から組織強化を進めているようにみえる。

対外援助を支えるソフト面の組織として，2017年に中国国際発展知識センター（CIKD）という，国務院直属のシンクタンクが発足した。同センターは国際機関と連携した研究活動を実施しており，例えば，国内外にある工業団地の比較研究を進めている。同センターに対しては，構想段階から英国が支援に力を入れてきた。オックスフォード大学などに在籍する一流の研究者が研究面をサポートしている。また，幹部職員をオックスフォードに招聘している。英国はこのシンクタンクが中国の指導層に対して，援助は商業ベースではなく相手国の開発を第一義とするよう中身の変容を促すことを期待しているようだ。中国との関係を長期的かつ戦略的に考え，様々な手を打っているという印象がある。

これらの組織のほか，注目されるのが国連平和発展信託基金だ。2016年に国連の信託基金として設立され，国連諸機関向けに10年間で2億ドル投入するという。内容は2つに分かれており，1つは安全保障に関するもの，例えばアフリカのPKO関連の活動に使われる。もう1つは開発目的だ。最近では，同基金を活用し国連社会経済理事会事務局の調査部門が「一帯一路」構想と「持続可能な開発目標（SDGs）」を連動させた活動を始めている。中国が自ら供与した信託基金を使って，国連諸機関を活用しながら「一帯一路」構想を国際公共財にしようする取り組みの表れかもしれない。

4．被援助国の債務問題

4.1　中国への債務返済が不可能となった国も

中国が対外援助を積極化する一方で，被援助国側の債務の急増が問題視されている。IMFの2018年3月の発表によると，低所得国，特に「重債務貧困国」と呼ばれるアフリカの国々は，一旦，債務削減をして身軽になったのに，中国が資金を貸し込んだがゆえに当該国の中国からの債務額はGDP比で11.6％にまで膨らんだという。先進国からの債務の比率は2.8％に過ぎず，民間金融機

関からの債務を除くと中国の規模は突出している。

重債務貧困国の中には中国への債務返済が困難となった国もある。20カ国・地域（G20）サミットでもこの問題が取り上げられてきた。2018年3月の財務大臣・中央銀行総裁会議は，「低所得国における債務水準の上昇は懸念をもたらしている」としたうえで，貧困国の能力開発や政策強化，情報共有や援助の透明性の確保に取り組むべきとの声明を発表した。12月にブエノスアイレスで開催されたG20サミットの首脳宣言でもそれらの点に言及している。

4.2　トンガ，エチオピアの例〜問われる被援助国の主体性

9月上旬に北京市で開かれた「中国アフリカ協力フォーラム」首脳会議で，中国は自国の無利子借款の債務免除の取り組みをアピールした。無利子借款については，推計したところ2012年までに供与した金額の約3割は債務免除したことになる。ただ，無利子借款は元々，財政手当てをしたうえで供与しているので，債務免除のために新しい資金が必要となったわけではなく，比較的容易に免除できると言える。

中国輸銀や中国開銀による優遇借款の返済メドが立たなくなった場合の方が問題は深刻である。例えば，南太平洋の島国であるトンガは2010年，前政権の時に中国輸銀から優遇借款を借入れているが，元本返済が難しくなり，14年に返済を5年繰り延べすることに中国側と合意した。18年に返済が始まるタイミングで，財政負担が依然大きいことから，パプアニューギニアでAPEC首脳会合が開催された際に，中国より再度5年繰延べる合意を得た。しかし，前回も今回もトンガ側が期待した債務免除は認められなかった。トンガは同じタイミングで「一帯一路」構想協力に関する協定に調印している。

先ほど触れた「中国アフリカ協力フォーラム」が打ち出した行動計画には，「アフリカ諸国の債務持続性改善を積極的に支援する」と明確にうたっている。この具体例としては，エチオピア・ジブチ鉄道建設事業がある。中国輸銀が商業ベースの巨額のバイヤーズクレジットをエチオピア政府に供与したが，新たに選出されたばかりのエチオピア首相が同フォーラムの際に中国と交渉して，返済期限を延長することに成功したとの報道がある。

中国は返済が困難になった被援助国に対して，今後どのように対応していく

かが注目される。

5. 中国の対外援助と日本の関わり

　最後に，中国の対外援助と日本の関わりを見てみたい。両国による第3国での協力についてインフラ分野の実例を挙げながら，試みに類型化を行ってみた。

　1つは，日中がそれぞれ協力しているプロジェクトが相互に関係しているケースだ。ケニアではモンバサ港を日本の円借款を利用して整備するプロジェクトがあり，日本企業がコンテナバースを建設した。第2フェーズも進捗中である。この港と首都ナイロビを結ぶ鉄道は中国輸銀の貸し付けで中国企業が建設を請け負っている。港湾と鉄道の整備は密接不可分な関係で，日中が直接協力したわけではないが，ケニアがうまく両国からの協力を活用して事業を実現したといえる。

　2つめは，日本企業が受注し工事を中国企業に委託する場合だ。オマーンの火力発電所のケースでは，日本企業がサウジアラビアの電力会社などと共に建設・運営事業に出資参画したが，建設は中国の建設会社に委託した。

　3つめは，日本企業が中国企業のサブコントラクターとして中国の金融機関がファイナンスするプロジェクトに参画するケースだ。中国企業がガボンで中国輸銀の借款を使って水力発電所を建設する事業に，日本企業の中国法人がサブコントラクターとして機器の一部を納めた。こうした日系企業が中国の資金による案件を受注するというケースはあまりきかない。

　4つめは，日中の企業がJVを組んでプロジェクトを受注した例だ。日本企業が中国企業と共同で，ロシアの肥料プラントを建設したケースがこれにあたる。

　5つめは，日中の企業がプロジェクトに共同出資する事例だ。例えば，日本企業は中国企業とアブダビにおける世界最大級の太陽光発電事業に共同出資している。

　6つめは，中国企業が出資する事業を日本企業がコントラクターとして受注する例である。北極圏にあるロシアのLNG（液化天然ガス）事業では，中国

企業がロシア企業や仏企業と共同出資しており，中国のシルクロード基金も後から株主に加わっている。日本企業はコントラクターとして建設に参画するだけでなく，ファイナンス，LNG の輸送などに関与した。

7つめは，日本の金融機関が中国企業の海外事業に融資する場合だ。中国企業がブラジルにある水力発電所の経営権を取得した際の資金を融資した例がある。

6．質疑応答

Q　OECD の DAC と中国の間では，援助について，どうような理念の違いがあるか。

北野　中国は自らを途上国と位置づけ，自分たちの協力はいわゆる「南南協力」である，と位置づけている。DAC と日本，新興国を比較した，フクダ・パー，志賀の論文は，DAC は援助を富める者の道義的義務，いわばチャリティーとみなすのに対し，新興国の「南南協力の援助規範」は援助を対等な者同士の互恵的協力関係とみなす立場であり，日本も同様の立場だが最初から DAC のメンバーであることが異なっている，と説明している。

もっとも，DAC のメンバー国の中でも考え方は変ってきていて，援助を「ナショナルインタレスト」実現の手段と見なすことを公にする国も増えている。英国などはその例である。これは中国の台頭の影響も，あるのではないか。中国も DAC の理念ややり方をよく学んでおり影響も受けている。ただし，中国は DAC のメンバーになる考えはないようだ。

Q　「一帯一路」構想は公表されてから今年で5年が過ぎた。報道などでは構想を一部見直すという動きもあるようだが，どう見ているか。

北野　中国の研究者と話をしていると，中には外部からの批判があれば，それは構想の改善に役立つ，だから批判は歓迎だという人もいる。これまで話してきた対外援助全体については，その手法や姿勢は曲がり角に来ており，見直さざるを得ない状況になっている，と言えるだろう。

Q 中国は人民元の国際化を進めている，借款はどれくらい元建てになっているのか。また，バイヤーズクレジットの仕組みはどうなっているのか。

北野 優遇借款は元建て，優遇バイヤーズクレジットはドル建てだ。中国輸銀は国内や海外で債券を発行して資金調達している。優遇借款については利子補てんを商務省から受けて，貸付金利を下げている。優遇バイヤーズクレジットでは自らの通常のコマーシャルベースで得た利益を利子補てんに当てているようだ。

借り手からすると，元高が進行している時はなるべくドルで借りたいと思う。そのためもあると思うが，ドル建ての優遇バイヤーズクレジッが志向される傾向が強かった。一方で最近は元建て優遇借款の2～3％という金利は高い，との声が強くなっており，このため，中国側は場合によっては1.5％などに金利を下げるケースも出ている。こうした措置を通じて，一定程度は元建ての増やしたいという考えもあるかもしれない。

Q 借り手の債務返済が難しくなっている要因には，中国側の審査能力や方法にも問題があるのではないか。

北野 中国輸銀は案件の審査体制や国別リスク管理体制を強化している。もっとも対外援助に関わる輸銀の融資は政府の政策のためのツールであり，政府が決めた案件なら輸銀も同意せざるを得ない側面はあると思われる。フィージビリティのない事業に融資するのは金融機関としては望ましくないので，今後はさらに管理を強化していくとは思う。

日本の場合，円借款を供与したら入札を実施する。中国は中国企業が案件形成し，相手国政府と協議して政府間で借款の要請がなされることが多い。ただ，途上国側にも入札をしないで企業を決めるとコストが高くなるため，入札をすべきだという声が強まっているようだ。少なくとも複数の中国企業を入札で競わせるという動きは既に出てきている。

第8章（講演録）
「冷戦モード」に入った米中関係
―― ビジネスには安全保障の観点も必要

中部大学特任教授
細川昌彦

◉ポイント

- ▶ 対中警戒感はオバマ政権の末期から強まり，音楽に例えるなら，政権の底流に「通奏低音」のように流れ続けている。その背景には，中国の習近平政権が，欧米が戦後，築いてきた国際秩序に対して「秩序間競争」を仕掛けている，との危機感がある。
- ▶ トランプ政権の強い警戒感は「冷戦仕様」とも言える19年度国防権限法によって具現化された。それは新型の「対中ココム」とも言える内容で，日本企業にも影響が及ぶ可能性がある。
- ▶ 米中の対立が激しくなる中，日本企業は経済的な合理性だけでなく，安全保障の側面もにらんだ経営戦略が必要となってくる。成長する中国市場からはきちんと収益を確保しつつ，国際的な供給網とは仕分けしたビジネスモデルも考えていくべきだろう。

＊本章は2019年1月17日に行われた研究会での講演内容をまとめたものです。

148 第8章 「冷戦モード」に入った米中関係

1. 米中対立の本質とは何か

1.1 オバマ政権末期から強まった対中警戒感

　厳しい対立が続く米中関係の現状と今後，さらに日本企業はどう対応すべきかを考察していきたい。

　今日の米中の対立には，どういう意味があるのだろうか。2018年に勃発した米中の貿易戦争では，米国のトランプ大統領が主導する派手な制裁関税合戦ばかりに目が行きがちだが，私はトランプ氏の強硬姿勢につながる，もう少し深いところにあるもの，いわば「ワシントン・コンセンサス」のような，トランプ以前のオバマ政権の末期から続いていた対中警戒感にも目を向けなければならないと考えている。

　米国の対中警戒感について，私自身はワシントンの様々な人間と接して聞いた話から，「オバマ政権後半以降，かなり強まっている」という皮膚感覚を持っている。オバマ政権では対中融和的な思想によって水面下に隠されていたが，トランプ政権になって表に浮上してきた。

　私はこうした米国の対中警戒感の有り様を，音楽に例えて「主旋律」と「通奏低音」と表現している。

　トランプ大統領が仕掛ける関税合戦は，表にあらわれる主旋律である。制裁関税を巡って，米中は協議を続けており，今後，両国は何らかの形で折り合う可能性はある。しかし，仮に双方が歩み寄ったとしても，それは対立が小休止するだけであって，何ら問題が解決されるわけではない。

　米中関係を考えるうえで大切なポイントは，表面にはあらわれないが，米国の政権の底流にずっと流れて影響を及ぼし続けている，通奏低音のような対中警戒感である。2008〜10年にかけて，中国の半導体産業に対する懸念が生じ始め，調査がなされて，報告書が作成された。オバマ政権の後半から通奏低音はだんだんと大きくなっていたのである。

1.2 中国による戦後秩序への挑戦という側面〜部外者ではない日本

　米中の対立について最近，問題の本質はハイテク技術の覇権争いにあると言

われている。また、「トゥキディデスの罠」を例に挙げ、「米中関係は不安定要因が増している」とも言われる。こうした指摘を否定はしないが、問題はそれだけではない。対立の本質は「秩序間競争」「制度間競争」にある。

「トゥキディデスの罠」を例に挙げる際に、100年前の英国から米国に世界の覇権が移った時のことに言及する向きがいる。私は米英と米中では、基本的には性格が違うと思う。新興国が台頭して覇権を握るという要素は似ているが、米国と中国の場合、互いが全く異なる経済の質、体制のもとにある。この点が100年前とは大きく違っている。

中国という国は、戦後70年間、米欧が主導し日本もそれを助けて築き上げた「戦後秩序の価値観」とは相容れない、異質な相手である。中国という異質な相手と制度間競争、秩序間競争をすることは、単に米国だけの問題ではないということになる。米中の対立を欧州がどう捉えているのか、どんな論調にあるのかをよく観察することが肝要となってくる。実際に、最近の欧州の受け止め方は、中国に寛容だったドイツでさえ警戒感を強めている。すなわち、対中警戒感は米国だけのものではなくなってきている。この点を見逃してはならない。

制度間競争という視点を持つならば、今後の対応の方向性もおのずと見えてくる。すなわち、日米欧の連携がいかに大事かということになる。日本にとって、決して他人事ではないのだ。

2．厳しさを増す米国の姿勢

2.1 「冷戦仕様」の国防権限法が成立

米国の強烈な対中警戒感を鮮明に表したのが、「トランプ大統領は中国に屈しない」とした2018年10月のペンス副大統領の演説である。この演説は、国務省や国防省をはじめ、対中政策に関与する米国政府のあらゆる機関、部署の考えを集約したものと言われる。

米国の対中感の形成では、政府部門に加えて議会の存在も大きい。今日の警戒感は与党・共和党だけでなく、民主党も含めた超党派で共有されている。オバマ政権からの「通奏低音」はここまで、すそ野を広げているわけだ。

150 第8章 「冷戦モード」に入った米中関係

　議会に広がる警戒感を具現化したのが，2018年8月に超党派議員の賛成とトランプ氏の署名で成立した19年度国防権限法である。この法律は軍事面だけでなく，文化から外交，経済にまで，広範囲に渡る対中強硬策を盛り込んでいる。まるで，かつてのココム（対共産圏輸出統制委員会）による輸出管理も含んだ「冷戦仕様」の国防権限法と言える。

　世界の多くの国々は1991年に米ソ冷戦が終結してココムがなくなると，中国に対する規制も徐々に緩めていき，むしろ技術協力などの名のもとで中国を支援するようになっていた。そうした流れの中で，今回の国防権限法は米国が中国への技術流出を阻止する方向に舵を切った。

2.2　新しい対中ココムによる規制〜日本に影響も

　19年度国防権限法には2つの大きな柱がある。1つは対米外国投資委員会（CFIUS）の権限強化である。外国企業による対米投資の審査をより厳格化し，投資規制の対象も広げていく，としている。投資規制の強化はオバマ政権の末期から始まっており，2017年上半期だけでも11件が差し止められたが，その大半は中国企業だった。国防権限法はこの流れをさらに加速させたものと言える。

　2つ目は輸出管理の強化である。中でも注目すべきは「新興技術（emerging technology）」の米国外への流出を新たに規制する，としている。法律では「流出先は中国」とは明示していないが，趣旨としては中国向けが主な対象である。これは新型の「対中ココム」であり，国内外に与えるインパクトは非常に大きい。

　冷戦時代のココムは，技術的に劣るソ連と優位にある米国など西側諸国との格差を維持するための仕組みであった。現在の中国はかつてのソ連と比べて，西側より優位な技術もいくつもある。また，経済のグローバル化が進み，中国はその主たるプレーヤーになっている。そんな中国に対して，どのような規制をするのか，注目される。

　これまでの輸出管理では，技術は製品化されて初めて規制することができた。モノにならないと技術だけでは規制はできない。しかし，今回の米国の輸出規制は，対象とする「新興技術」が市場でまだ製品化されていない段階か

ら，中国への流出を止める，という内容である。本質的に，従来の規制とは大きく異なる。例えば，量子コンピューターの技術や極超音速の技術などがまだ具体的に実用化される前から，それらをいかにして中国への流出を規制するかという意識のもとで，米国は新たな輸出管理の制度を作ろうとしている。

2018年11月に規制対象として，14分野がパブリックコメントの形で公表された。この14分野はそれぞれ「バイオテクノロジー」などと網羅的で大雑把な書き方しかしておらず，今年春から夏にかけて，具体的にどの技術を規制するのか，特定化する作業を進める。

最終的な対象が決まれば，米国は同盟国にも規制の同調を求めてくるだろう。したがって，日本も他人事ではなく，この規制を注視する必要がある。実体経済への影響は大きいだろうし，日中間の共同研究などにも規制が及ぶ可能性があることを意識しないといけない。

ちなみに，米国は従来型の規制においても，中国の特定の企業との取引に目を光らせている。例えば，人民解放軍系の国有企業44社をブラックリストに載せて，輸出審査をしている。米国からの直接輸出だけでなく，米国から日本に何らかの部品や技術を輸出し，それを一定以上の割合で組み込んだ製品を中国に輸出する場合，米国の許可が必要となる。日本の主権の範囲にあっても，すでに米国の関与が及んでいる。米中の対立が激しくなる中，日本企業はそうした「再輸出規制」に注意しないと，第2の「東芝機械事件」が招きかねない。米中が冷戦モードに入ったとすれば，かつての冷戦時の感覚をもう一度呼び起こす必要がある。

2.3　ファーウェイは米中摩擦の象徴～日本企業はどう付き合うべきか

中国通信機器最大手，華為技術（ファーウェイ）の問題にも触れたい。報道によると，日本企業は同社に部品など約5000億円規模の取引をしており，各社はもっと規模を拡大しようとしているところだったという。そこへ米国政府が国防権限法に基づき，2019年8月から米国の行政機関と取引する企業にファーウェイなど中国のハイテク5社の製品・サービスを使用することを禁止した。これは2次，3次のサプライヤーにまで遡る。米国の決定は日本企業にとって，衝撃的だったろう。

152 第8章 「冷戦モード」に入った米中関係

　ファーウェイはある種，米中摩擦の象徴的な存在となり，米政府から標的にされている。孟晩舟・副会長の逮捕もそうだが，今後，米政府が同社をどのように扱っていくのか。米中摩擦の最大のポイントである。

　米国は同盟国に同調を求めている。日本政府も2018年12月，中央省庁や自衛隊が使う情報通信機器の調達について，ファーウェイなど中国企業を事実上締め出す運用指針をまとめた。不正プログラムの埋め込みなどの安全保障上の危険性を考慮したもので，企業の間にもこれに同調する動きがある。本当に不正プログラムが埋め込まれデータの流出の可能性があるのか，真偽を確かめるのは難しい。ただ，米政府は厳しい見方をしているということは事実であり，それに日本企業がどう対応するのかは非常に大きな問題である。第2の東芝機械事件だけは避けなければならない。

2.4　海外市場と中国市場を分けて考える経営思考

　ファーウェイに限ってみれば，ZTEと違って，子会社の海思半導体（ハイシリコン）を通じて半導体を製造することができる。技術水準は高く，ある部分ではクアルコムを凌駕するとも言われる。そのため，ZTEのようにクアルコムからの半導体の調達が止まり悲鳴を上げるということには，簡単にはならない。技術面では優秀な企業でもあり，米国にとっては手強い存在と言える。それだけに，日本企業は今後，同社に対する間合いの取り方が難しくなるだろう。

　ワシントンのシンクタンクは最近，中国企業を世界のサプライチェーンからいかに隔離するか，それによってどれくらいの経済への影響やダメージがあるのか，ということを盛んにシミュレーションしている。そうした動きを，1つのシグナルとして受け止める必要がある。グローバル化が進んだ経済において，中国だけをサプライチェーンから外すことはありえないと思われがちだが，特定の分野に限れば不可能ではないかもしれない。

　企業の側も特定の分野において，世界市場と中国市場を分けて考える必要が出てくる。中国市場から撤退するというのではなく，中国市場も重視はする。ただし，経営者は中国市場とそれ以外は仕分けをして経営戦略を立て，サプライチェーンも根本的に見直すことになるかもしれない。どういう分野で仕分け

が必要か，それを見極める力が求められてくる。いくつかの業種においては，中長期的な経営者の視点として大切なことだと思う。

3．中国の姿勢

3.1　紅い資本主義〜国家から逃れられない中国企業

　米国は，国家と一体化する中で企業が成長するという，中国の「紅い資本主義」を警戒している。

　「紅い資本主義」には2つの柱がある。1つは「中国製造2025」による製造業支援，もう1つはデジタルエコノミーの振興である。前者の企業側の代表格がファーウェイであり，後者はアリババ集団や騰訊控股（テンセント）などである。この2本の柱が支える形で，現在の国家主導の経済システムが成り立っていると思う。

　ファーウェイやアリババなどが成長を遂げたのは，なぜか。企業努力とともに，共産党政権の傘の下で中国市場を囲い込み，そこで生まれた利益によって大きくなったという側面は否定できない。

　そうした党や国家と一体となった成長モデルは，真の国際企業となるための更なる成長段階に入る時の「くびき」となってくる。彼らは今後，国家の強権から逃れられるのだろうか。共産党政権との緊張関係はどうなっていくのか。成長過程ではプラスだった国家という巨大な背景が，それが逆に制約要因になる段階において，ファーウェイなど巨大企業がどのように変身するのか，注目される。

3.2　データ覇権を狙う中国〜日米欧は対抗策づくりを

　デジタル分野における，もう1つの注目点は，国家による情報統制である。中国は国家情報法やサイバーセキュリティー法に基づき，膨大な個人データを収集，解析して治安維持などに活用している。問題は中国国内だけでなく，そうした仕組みを「デジタル・シルクロード」構想という名のもとで，海外展開しているとことにある。「一帯一路」構想と連動して，情報統制のシステムを海外の強権的な国々に供与している。

154　第8章　「冷戦モード」に入った米中関係

「一帯一路」構想に関連するプロジェクトでは，相手側に「中国標準」を採用することを条件にするケースも多い。ファーウェイ製の基地局を納入すれば，中国標準が使用され，それに基づいて，デジタルビジネスが展開され，そこから膨大なデータが吸い上げられる，といった構図も想定される。

データをいかに集めるか，あるいは守るか。情報を巡るせめぎ合いが国際社会において激しくなっている。安倍晋三首相は2019年1月の世界経済フォーラム年次総会（ダボス会議）において「データ流通圏」の創設を提唱した。消費者や企業活動に関わる膨大なデータを世界貿易機関（WTO）のルールに基づき，自由に国境を越えて流通させる枠組みを提案した。

日米欧の今後の大きなテーマの1つは，この「データ流通圏」の形成である。そこには，国際的にデータを囲い込もうとしている中国の動きを阻止する狙いもある。一方では，相互性がある国の間ではルールを設けて，データの流通を自由にしようということだ。これから先，中国を巻き込んだ形での多国間でのルールづくりにおいて，この「データ流通圏」は最大のテーマとなるだろう。

4．日本企業に必要な留意点

4.1　「知的財産権の保護」は誰のためか

ここまで，米中摩擦の背景や国際社会に及ぼす影響を分析してきた。最後に，この激動する情勢の中で，日本企業はどう振舞うべきか，留意点を考えてみたい。

1つの切り口として，知的財産権の保護強化を取り上げよう。一連の米中協議の中で，しばしば「中国側は知的財産権の保護について譲歩した」といった表現を目にする。

この表現には注意が必要だ。実効性がどこまで備わっているのか，確認しないといけない。知的財産権を保護すると言っても，中国側は米国が懸念していることに真正面から答えてはいない。巧みに身をかわしているのである。例えば，中国は米国が行っている「三倍賠償制度」を導入するなど，罰則を強化するという。一見，当局が外国企業に対する知的財産権の保護に力を入れている

ように思えるが，本質は別のところにあると思う。

　最近，中国の特許の出願件数は年間130万件にまで激増し，米国の２倍以上になっている。中国の研究開発費や研究者の人数，政府の取り組みを見れば，ある程度の増加は当然ではあるが，それにしても異常な数字だ。しかも中身を見ると，出願主体は大半が中国企業であり，中国企業が中国で特許を取得している。

　中国における外国企業の特許取得がごくわずかしかない。どこの国でも外国企業の特許取得数は多くはないが，中国では異常なほどに少ない。また，中国企業の出願例を見ると，このレベルで特許が成立するのか，というものもある。そうした実態のうえで，当局が特許権の網を広げて罰則が強化されるということは，何を意味するのか。罰則のターゲットはどこに向いているのか。外国企業は思わぬ網にかからないよう細心の注意をすべきだ，ということである。

4.2　標準づくりの罠

　もう１つは様々な分野における「標準」づくりの問題だ。前述したように，中国は独自に作った「中国標準」を「世界標準」にしようと努力している。その先兵の１つがファーウェイなどのハイテク企業であり，彼らは標準づくりに必要な人材を組織的に集め，自力で研究開発を加速させている，と主張する。

　しかし，この標準づくりのプロセスは非常に不透明である。外国企業が批判すると，「それならプロセスに参画してください」と持ち掛けられる。北京にいる日本企業の人は中国政府から声がかかると，「中国のインサイダーになれるかもしれない」「自分たちの技術が中国標準に反映される」などと喜んでしまいがちだ。しかし，実態はどうか。標準策定のプロセスで技術の開示が求められて，技術情報が流出するリスクもある。

　日本企業は仮にそうした被害にあっても黙っているので，表に出ない知財の問題，標準の問題が今後，企業の現場ではクリティカルになってくる。落とし穴に落ちないよう，経営者は認識しておくべきであろう。

4.3　経営者に求められる緊張感

　米中摩擦は様々な曲折を経ながら，まだまだ続いていくだろう。冒頭で述べ

た，トランプ政権内の「通奏低音」もしばらく衰えることはないと思う。

　米中のパワーゲームは，日本にとって最も好ましくない事態である。そもそもパワーゲームは自国内に巨大な市場を抱える国でないとできない。日本は国内市場が中途半端な規模でしかなく，パワーゲームではなく，ルールで支配される世界，国際秩序がないと生きていけない。

　トランプ政権は実利を求めるあまり，価値観に基づく外交をなおざりにしている。実利外交と価値観外交のせめぎあいが国際秩序を崩壊させつつある。その中で，ルールを重んじる日本が果たすべき役割は大きい。欧州と連携をとりつつ，豪州やカナダとも手を握り，多国間の枠組みを維持するよう頑張らないといけない。これができるのは日本だけだと思う。その意味でWTO改革は今後，非常に大事なテーマとなる。

　さらに考えるべきは，多国間の連携を図る中に，どうやって中国を巻き込んでいくかである。中国との向き合い方は，封じ込めではなく，寛容政策でもない，第3の道を探りたい。そのためには，欧州と一緒になって米国をつなぎとめながら，中国をも巻き込むという，大きな仕掛けを作ることである。データ流通圏や電子商取引，インフラ整備のルール作りなど，いくつか具体的なメニューを欧米と一緒になって設け，中国を巻き込んでルールを作る。ブロックを積み上げるように1つ1つメニューを作り上げていく。こうした手法はとても着実で，日本らしいと思う。

　日本企業にとっては，安全保障と経済の接点が重要になってくる。国際情勢が複雑化する中で，経済合理性から見ればコストがかかることでも，安全保障が優先されなければならない場面が必ず出てくる。ファーウェイの問題もその1つである。コストの面から，割安な同社と取引したいと思う企業があるだろうが，コストと安全保障を天秤にかけて，どちらをより重視するか，問われるようになる。

　ファーウェイには中国共産党のくびきだがあると述べたが，日本も安全保障を依存していという意味では米国のくびきがある。インテリジェンスの面でも，米国に依存せざるを得ない。これまでは日本企業はそうした状況を意識せずに経営して来られたが，今日，潮目は全く変わってしまった。経営者はより一層の緊張感が必要ではないかと思う。

5. 質疑応答

Q 日本の企業の立ち位置というのは，まさに多連立方程式を解くように難しくなっている。経済的に見れば，日本にとって中国は大事な国であることには変わらない。昨年来，日中の関係は政治，経済の両面で友好的になっている。こうした中で，今後，どうやって米国という「虎の尾」を踏まないよう，付き合っていくべきか。日本のあるべき姿勢をもう少し聞きたい。

細川 日中関係は米中関係の従属変数になっている点を忘れてはいけない。米中関係によって従属変数的に決まる要素が非常に大きい。日本が「中国は大事な国だ」と言っても，中国がそう思ってくれるとは限らない。片思いで終わったケースはこれまであったし，米中関係を基盤にした中国の対応に，日本は振り回されてきた歴史もある。

　今は確かに中国の姿勢は友好的であり，昨年の安倍首相訪中の際に日本側は「一帯一路」構想への実質的な協力などで合意することにもなった。これは条件付きで良いことではあるが，同時に日本企業が対中協力に関わるなら，友好一辺倒ではなく，問題があればきちんと中国側に注文を付ける，そうした毅然とした態度が重要になってくる。

　例えば，「一帯一路」構想においては，相手国の経済状況を見たうえで過剰債務にならないようにしたり，透明性を確保したりという点を，一般論だけではなく個々に明確にするべきだ。また，具体的にプロジェクトを手掛ける際，日本と中国ではリスクに対する評価の仕方がまるで違うと思われる。双方のギャップを埋めるべく，日本政府は中国側に注文を付けないといけない。それらが1つ1つのプロジェクトでできない限り，日本企業は協力できないだろう。

　米国も日本政府が中国政府とどう向き合うかを注視している。ただ，米国のような強圧的な姿勢で臨んでは，中国はいつまでたっても変化はしない。長い目で見て，中国側が少しずつでも軌道修正してくれるようなやり方，手法が大切だし，国際社会の中でそれをできるのは日本だけだと思う。

　中国は戦後の国際秩序とは相容れない国だと述べた。しかし，中国は今後，

経済システムをある程度，軌道修正をせざるを得ないのではないか。共産党政権の統治が最も大事だということを前提として，徐々に変化することが中国としての賢さになってくると思う。中国が持続的に国際社会で責任を果たせるような国家になってもらう。それを助けることが日本の役割ではないか。

　そのためには，日中関係をいつまでも米中関係の従属変数のままにしておかないことだ。中国が米中関係の良し悪しで日本への姿勢を変えるような従来の姿勢を繰り返さないよう，中国に日本との関係構築を持続的に取り組んでもらうことが大切である。

　そして，日本側は具体的な日中の共同プロジェクトを進めるうえで，1つ1つ注文を付ける。徐々に積み重ねていくように中国に姿勢の変化を求め，気が付いたら軌道修正できている。そのようなアプローチが賢明ではないか。

Q　5年くらいを1つのスパンとして，企業は米国と中国にどのように軸足を置くべきか。

細川　これは業種によっても異なるだろうし，企業がグローバルなビジネスの中で，主にどこを狙って成長してくのかという，戦略によっても変わってくる。基本的には，成長を続ける中国市場において，日本企業はきちんと収益の果実を取っていくべきだ。その努力を放棄しては，ドイツなどライバルに果実を奪われるだけで，何のプラスにもならない。

　一方で，米国という国はマーケットの価値以上のものがある。例えば，多くの情報がそこから得られるし，安全保障の相手として，今後もつながっていないといけない。軍事力が中途半端な日本にとって，それは宿命である。マーケットの価値以上のものをもって，米国とは付き合い，そのうえで中国の果実を取っていく。これが，日本企業のしたたかなビジネス像ではないか。

　今後の企業戦略を練るうえでは，これまで述べてきた米国の「冷戦モード」の深度が一体，どこまでのものか，見極めなければならない。トランプ政権のもとで，米国がどこまで国力を維持できるか。製造業の地盤沈下が懸念されないのか。もしそうなら，日本の米国依存がこのままでいいのかということも，考えなければならないとは思う。

5. 質疑応答　　*159*

Q　国防権限法に基づく輸出管理の強化はどういうスケジュールで今後，進んでいくと見ているのか。

細川　先ほど説明したように，2018年11月に規制対象として14分野が示された。パブリックコメントを受け付け，それをもとに具体的な落とし込み作業を進め，今年の春から夏にかけてリスト化すると聞いている。しかし，それほど簡単に作業が進むかは疑問だ。未だに市場化されていない技術をどこまで規制対象にできるのか。研究段階のものを法律の条文に落とし込むことには技術的な難しさがある。

　しかも，規制対象に何を盛り込むかによって，同盟国とのせめぎ合いも起こる。これは国益にかかわる問題だ。米国が強くて日本が弱い，あるいはその逆の技術分野はたくさんある。米国企業から見れば，日本企業は競争相手でもある。これまでも輸出管理の世界では日本は工作機械が強いのであれば，工作機械は厳しく規制しよう，その代わり自分の強いコンピューターはあまり規制しないようにしよう，としたこともあった。そういう綱引きで国益と国益のぶつかり合いになる。

Q　輸出管理規制の強化に対して，企業は具体策の公表を待つより，ある程度，内容を予想して準備をしておいたほうがいいのだろうか。

細川　今は14分野という，大まかな表現しか明らかになっておらず，その中に何が入るのが，予想することは難しい。準備のしようもなく，エネルギーを浪費することになるのではない。

　それよりも，自社にとって規制されては困る，或いは規制するのはおかしい，といった分野があるならば，米国の同業他社と連携して，規制から外すよう働きかける，というのは1つの方法だろう。日本企業単独ではなく，米国のプレーヤーを見つけ，共同で声を上げることだ。

Q　米国の対中政策はどのようなプロセス，メカニズムで作り出されるのか。また，政策策定の中で，どういった人物がキーマンとなるのだろうか。

細川　現在のトランプ政権は「現実論者」「戦略家」が去って，「極論論者」と「交渉人」しか残っておらず，彼らが跳梁跋扈している。その結果，司令塔が

不在となり，NSC（国家安全保障会議）などの会議は機能していない。まさに無秩序な状態で，トランプ大統領の気まぐれで話が進んでいる。これから先のシナリオも見通しが立たない。

政権にとって，目先は選挙対策が重要である。例えば，株価が下がらないよう，米中交渉については楽観的な見通しを意図的にリークすることもある。「ツイッター」だけ見て振り回されてはいけない。

ただ，米国には一方で，政権とは違ったところに確立された「ポリシー・コミュニティ」がある。すなわち，議会であり，シンクタンクや情報機関などの集積である。ここが前述した米国の「通奏低音」としての役割を担っている。

この通奏低音の部分は，今後の方向性は予測可能だ。例えば，昨年の国防権限法の成立はその流れの中の1つの結果であり，さらに第2，第3の法案も出てくるかもしれない。対中政策の策定プロセスは，政権の有り様とは別に考えなければならない側面がある。

政権内部は先ほど述べたような状況で，キーマンは1人ではないだろうが，対外的に対中政策を打ち出すスピーカーは，安定感のあるペンス副大統領だろう。それが今の政権の実態である。

Q 米中の冷戦構造が顕在化する中で，米国企業はどう対応しているのか。具体例があれば，教えてほしい。

細川 GM（ゼネラル・モーターズ）の例をあげるまでもなく，多くの企業が生産拠点をどう移すか，合理的に検討を始めている。関税が上がり，中国で製造したものを逆輸入するのはやめようという企業もある。この動きは日本企業より早いと思う。一方で，中国への依存度があまりに大きいアップルはどう対処するのか。これが米国の産業界にとっての最大の問題だろう。

Q ファーウェイの件など米中が言い争っている事案は，真偽が定かではないものが少なくない。日本人にしてみると，国民性として，一方的に「それは真実だ」と断定するのは難しい。あいまいな情報を基に，経営者が現実の経営活動について判断を下すのは。容易なことではない。

細川 日本は安全保障の世界において，真偽を自ら確かめることができないま

ま，米国からの情報に依存している国と言える。東芝機械事件にしても，本当に日本の工作機械がソ連によるスクリュー音の低減につながったのか，真偽は分からないままだ。しかし，真偽は不明だから，あるいは証拠がないから大丈夫，と言っているだけでは，安全は保障されない。企業経営において合理性を突き詰める中で，不条理なことはたくさんある。大事なのはビジネスマンとして「保険を掛ける」ということではないか。

　繰り返すが，米国は日本の動きを注視している。それを前提として，日本は判断をしなければならない。

資料　*163*

［資料］

中華人民共和国外商投資法（日本語訳）

2020年1月1日施行

目次
第1章　総則
第2章　投資促進
第3章　投資保護
第4章　投資管理
第5章　法的責任
第6章　附則

第1章　総則

第1条
　対外開放を一段と拡大し，外商投資を積極的に促進し，外商投資の合法的な権益を保護し，外商投資の管理を規範化し，全面的な開放の新たな枠組みの形成を推し進め，社会主義市場経済の健全な発展を促すために，憲法に基づいて本法を制定する。

第2条
　中華人民共和国国内（以下，中国国内）の外商投資に本法を適用する。本法がいう外商投資とは，外国の個人，企業あるいはその他の組織（以下，外国投資者）が直接あるいは間接的に中国国内で行う投資活動を指し，以下の場合を含む。
（1）外国投資者が単独あるいは他の投資者と共同で中国国内に外商投資企業を設立すること
（2）外国投資者が中国国内の企業の株式，出資持分，財産持分あるいはそれらに類似する権益を取得すること
（3）外国投資者が単独あるいはその他の投資者と共同で中国国内の新規プロジェクトに投資すること。
（4）法律，行政法規あるいは国務院が規定するその他の方式による投資
　本法のいう外商投資企業とは，投資の全部あるいは一部を外国投資者が投資し，中国の法律により中国国内において登記し，設立された企業を指す。

164   資　料

第3条
　国家は，対外開放という基本政策を堅持し，外国投資者が法に基づき中国国内で
投資することを奨励する。国家は，高いレベルの投資の自由化と利便性の向上を図
る政策を実行し，外商投資を促進するメカニズムを確立，整備し，安定的で透明か
つ予測可能，公平な競争市場の環境を構築する。

第4条
　国家は，外国投資に対して参入前国民待遇とネガティブリスト管理制度を実行する。
　参入前国民待遇とは，投資する前の参入段階において，外国投資者及びその投資
に対して，中国の投資者及びその投資が受ける待遇を下回らない待遇を与えること
を指す。
　ネガティブリストとは，特定分野への外国投資の参入を特別に管理するため，国
家が規定した措置を指す。国家は，ネガティブリストに定めていない外商投資に対
しては国民待遇を与える。
　ネガティブリストは国務院が公布するか，あるいは公布を認可する。
　中華人民共和国が締結あるいは加盟する国際条約や協定に，外国投資者の参入に
ついて，より優遇した規定がある場合，関連規定に従い執行することができる。

第5条
　国家は，法に基づき外国投資者の中国国内における投資や収益及びその他の合法
的権益を保護する。

第6条
　中国国内で投資活動を行う外国投資者や外商投資企業は，中国の法律・法規を遵
守しなければならず，中国の国家安全に危害を加えたり，社会の公共利益に損害を
与えたりしてはいけない。

第7条
　国務院の商務主管部門と投資主管部門は，それぞれ職責を分担して，外商投資の
促進や保護，管理業務を行う。国務院のその他の関係部門は，各自の職責の範囲内
で，外商投資を促進や保護，管理する関連業務を担当する。
　県レベル以上の地方政府の関係部門は，法律・法規と上級政府が定めた職責の分
担に従い，外商投資の促進や保護，管理業務を行う。

第8条
　外商投資企業の従業員は法に基づき，労働組合を組織し，労働組合活動を行い，
従業員の合法的な権益を保護する。外商投資企業は，自社企業の労働組合に必要な

資　料　　*165*

活動条件を提供しなければならない。

第2章　投資促進

第9条

　外商投資企業には，法に基づき，国家が企業の発展を支援するための各種の政策を平等に適用する。

第10条

　外商投資に関する法律，法規及び規則を制定する際には，適切な方法によって外商投資企業から意見や提案を聴取しなければならない。

　外商投資に関する公文書や裁判文書等は，法に基づき速やかに公布しなければならない。

第11条

　国家は，外商投資への健全なサービスシステムを構築し，外商投資者や外商投資企業に対して，法律や法規，政策措置及び投資プロジェクトなどに関する情報やサービスを提供する。

第12条

　国家は，他の国や地域，国際的な組織と，多国間又は両国間の投資促進協力メカニズムを構築し，投資分野における国際交流と協力を強化する。

第13条

　国家は，必要に応じて特殊経済区域を設立，又は一部の地域で外商投資に関する試験的政策措置を実行して，外商投資を促進し，対外開放を拡大する。

第14条

　国家は，国民経済及び社会発展の必要に応じて，特定業種や分野，地区に対する外国投資者の投資を奨励，誘致する。外国投資者や外商投資企業は法律，行政法規あるいは国務院の規定により，優遇策を受けることができる。

第15条

　国家は，外商投資企業が法に基づき標準策定作業に平等に参加することを保障し，標準策定の情報公開と社会監督を強化する。

　国家が制定した強制標準は，外商投資企業に平等に適用される。

166　資　料

第16条
　国家は，外商投資企業が法に基づき公平な競争を通じて政府の調達活動に参加することを保障する。政府調達において，法に基づき外商投資企業が中国国内で生産する製品，提供するサービスを平等に取り扱う。

第17条
　外商投資企業は法に基づき，株式や社債等の証券の発行及びその他の方法により資金調達することができる。

第18条
　県レベル以上の地方政府は法律や行政法規、地方性法規の規定に基づき、法の権限内で外商投資の促進及び利便性の向上を図る政策的な措置を採ることができる。

第19条
　各レベルの人民政府及び関係部門は便利で効率が高く透明性があるという原則に基づき，事務手続を簡素化し，事務効率を向上させ，行政事務サービスを最適化して，外商投資に対するサービスレベルをより一段と向上させなければならない。
　関係主管部門は外商投資のガイドラインを作成，公布し，外国投資者や外商投資企業にサービス及び便宜を提供しなければならない。

第3章　投資保護

第20条
　国家は，外国投資者による投資に対して，徴収を行わない。
特殊な状況において，国家は公共利益のために，法律の規定に基づき，外国投資者による投資に対して，徴収，徴用を行うことができる。徴収，徴用は法で定める手続きに基づいて行い，かつ速やかで公平，合理的な補償を与えなければならない。

第21条
　外国投資者による中国国内での出資や利益，資本収益，資産処分所得，知的財産権の使用許諾料，法に基づき取得した補償や賠償及び清算所得等は，法に基づき，人民元あるいは外貨で自由に海外から送金を受けたり，海外へ送金したりすることができる。

第22条
　国家は，外国投資者や外商投資企業の知的財産権を保護し，知的財産権の権利者及び関係する権利者の合法的な権益を保護する。知的財産権の侵害行為に対しては，

法に基づき法的責任を厳格に追及する。

国家は，外商投資の過程において，自由意志の原則と商業規則に基づく技術協力を奨励する。技術協力の条件は，各投資者が公平の原則に従って，平等に協議して定める。行政機関及びその職員は，行政手段を用いて技術移転を強制してはならない。

第23条

　行政機関及びその職員は，職責履行の過程において知り得た外国投資者や外商投資企業の営業上の秘密を，法に基づき守らなければならない。漏洩したり，不法に他者に提供したりしてはならない。

第24条

　各レベルの人民政府及び関係部門が制定する外商投資に関する公文書は，法律・法規の規定に合致しなければならない。法律や行政法規の根拠がないのに，外商投資企業の合法的な権益を損なったり，その義務を増やしたり，市場参入や撤退に条件を設けたり，外商投資企業の正常な生産経営活動に干渉したりしてはならない。

第25条

　地方の各レベルの人民政府及び関係部門は，外国投資者や外商投資企業に対して，法に基づき行った政策的な認可及び締結した各種契約を履行しなければならない。

　国家の利益や社会の公共利益の必要により，政策的な認可，契約の約定を変更する場合，法で定めた権限や手続きに基づいて行い，かつ法に基づき，外国投資者及び外商投資企業がこれにより受けた損失を補償しなければならない。

第26条

　国家は，外商投資企業からのクレームを処理する制度を構築し，外商投資企業あるいはその投資者からの問題を速やかに処理し，関連する政策措置を協調して改善する。

　外商投資企業あるいはその投資者は，行政機関及びその職員の行政行為が自らの合法的権益を侵害したと認識した場合，外商投資企業からのクレームを処理する制度を通じて問題解決を申し立てることができる。

　外商投資企業あるいはその投資者は，行政機関及びその職員の行政行為が自らの合法的権益を侵害したと認識した場合，前項の規定に従いクレーム処理制度を通じた申し立てができるほか，法律による行政不服申し立てや行政訴訟を起こすことができる。

第27条

　外商投資企業は法に基づき，商会や協会を設立したり，これらに自由意思により参加したりすることができる。商会や協会は，法律・法規及び定款の規定に従って

168 資　料

活動をし，会員の合法的権益を保護する。

第4章　投資管理

第28条

　外商投資を対象にしたネガティブリストで禁止する分野に，外国投資者は投資してはならない。

　外商投資を対象にしたネガティブリストで制限する分野に，外国投資者が投資する場合，ネガティブリストに規定する条件に合致しなければならない。

　ネガティブリスト以外の分野については，内資外資一致の原則に則って管理する。

第29条

　外商投資の投資プロジェクトが許認可や届出手続きを必要とする場合，国家の関連規定に従う。

第30条

　外国投資者が法に基づき許認可の取得を必要とする業種及び分野に投資する場合，法に従って関連の手続きを行わなければならない。

　関係する主管部門は，内資と同一の条件及び手続きにより，外国投資者の許認可申請を審査しなければならない。法律や行政法規に別の規定がある場合は，この限りではない。

第31条

　外国投資企業の組織形態や構成及びその活動に関する規則には，「中華人民共和国会社法」「中華人民共和国パートナーシップ企業法」等の法律の規定を適用する。

第32条

　外国投資企業が生産経営活動を行う際には，法律及び行政法規にある労働保護や社会保険に関する規定を遵守しなければならず，法律及び行政法規，国家の関連規定に基づき，税務や会計，外貨管理などを行い，かつ関係主管部門から法に基づく監督検査を受ける必要がある。

第33条

　外国投資者が中国国内の企業を合併や買収したり，その他の方法により事業者結合に参加したりする場合，「中華人民共和国独占禁止法」の規定に基づいて事業者結合審査を受けなければならない。

資料　*169*

第34条

　国家は，外商投資情報報告制度を構築する。外国投資者あるいは外商投資企業は，企業登記システム及び企業信用情報公示システムを通じて，商務主管部門に投資情報を報告しなければならない。

　外商投資情報の報告内容及び範囲は，必須な原則に従って決定する。部門間の情報共有により取得できる投資情報は，情報の再提出を要求してはならない。

第35条

　国家は，外商投資安全審査制度を構築し，国家安全に影響をもたらす，又は影響をもたらす可能性がある外商投資に対して安全審査を行う。

法に基づき下した安全審査の決定を，最終決定とする。

第5章　法的責任

第36条

　外国投資者が外国投資参入のネガティブリストで規定する投資禁止分野に投資した場合，関係主管部門が投資活動を差し止め，期限を定めて株式や資産を処分し，あるいはその他の必要な措置を講じて投資前の状態に戻すよう命ずる。違法な所得は没収する。

　外国投資者の投資活動がネガティブリストで規定する投資制限のある参入特別管理措置に違反した場合，関係主管部門が期限を定めて是正し，必要な措置を講じて参入特別管理措置の要求を満たすように命じる。期限内に是正がなされない場合，前項の規定に従い処理する。

　外国投資者の投資活動はネガティブリストの規定に違反した場合，前の2項の規定に従い処理するほか，法に定める相応の法的責任を負わなければならない。

第37条

　外国投資者や外商投資企業が本法の規定に違反し，外商投資情報報告制度が要求する投資情報を報告しなかった場合，商務主管部門が期限内に是正するよう命じる。期限内に是正されない場合，10万人民元以上50万人民元以下の過料に処する。

第38条

　外国投資者，外商投資企業による法律，法規の違反行為に対しては，関係部門が法に基づき取り締まり，かつ国家の関連規定に従って信用情報システムに登録する。

第39条

　行政機関の職員が外商投資の促進，保護及び管理業務において職権濫用や職務怠

170 資料

慢，私利私欲による不正を行い，あるいは職責を履行する過程において知り得た営業上の秘密を漏洩したり，不正に他者に提供したりした場合，法に基づいて処分する。犯罪を構成する場合，法に基づいて刑事責任を追及する。

第6章 附則

第40条

あらゆる国家あるいは地域が，投資に関し中華人民共和国に対して差別的な禁止，制限あるいはその他の類似する措置を講じた場合，中華人民共和国は，実状に応じて当該国，地域に対して相応の措置を講ずることができる。

第41条

外国投資者による中国国内の銀行業，証券業，保険業等の金融業への投資，あるいは証券市場，外為市場等の金融市場への投資に対する管理については，国家が定める別の規定に従う。

第42条

本法は，2020年1月1日から施行する。「中華人民共和国中外合弁経営企業法」，「中華人民共和国外資企業法」及び「中華人民共和国中外合作経営企業法」は，同時に廃止する。

本法の施行前に「中華人民共和国中外合弁経営企業法」，「中華人民共和国外資企業法」及び「中華人民共和国中外合作経営企業法」に基づき設立された外商投資企業は，本法施行後5年間は従来の企業組織形態等のまま継続することができる。具体的な実施規則は，国務院が規定する。

（翻訳：日本経済研究センター・湯浅健司）

索　引

【数字・アルファベット】

3つのI　23
5G　5, 42, 44, 66, 71
AI　76, 89
AIIB　→アジアインフラ投資銀行
BAT　74
BOE　66
CFIUS　36
CIDCA　→国家国際発展協力署
CSR　20
CSV　22
DAC　→開発援助委員会
EC　76
EC化率　74, 87
EL　4, 35
EV　5, 49, 102
G20サミット　99, 142
GM　32, 160
GVC　30, 37
HP　32
HV　→ハイブリッド車
iPhone　37
LIXILグループ　115
MaaS　86
NAND型フラッシュメモリー　65
NEC　59
ODA　→政府開発援助
OPPO　71
P2P　84
QRコード　87
SDGs　25
TSMC　7
USTR　4
WTO　17
ZTE　42

【あ行】

愛国主義教育　121
アイフォン　37
アジアインフラ投資銀行　132
アップル　7, 32, 37, 160
安倍晋三（首相）　98, 126, 154
アポロ計画　105
新しい時代　14
アリババ　15
アリババ集団　74, 76, 108, 153
アリペイ　78
アンゾフの成長ベクトル　17
アントフィナンシャル　78, 84
イオン　49
一衣帯水　96
一帯一路　125, 129, 137, 139, 153, 157
イノベーションのジレンマ　17
インターネットプラス　81
インテル　43
餓了麼（ウーラマ）　86
迂回輸出　7
エコシステム　77, 89
越境EC　12
エルピーダ　69
エンティティーリスト　4, 35
王岐山　129

【か行】

改革開放路線　11, 12, 39, 59, 60, 96, 99
外資規制　107
海思半導体　→ハイシリコン
外商投資法　163
開発援助委員会　133
顔認証端末　87
核心的利益　123
過剰債務　100

172　索　引

カルテルの摘発　112
カルビー　109
環境対策　113
環境保護税　114
環境保護法　113
企業の社会的責任　20
技術移転強要　3
技術流出　68
技術漏洩　107
競争優位戦略　10, 11
共通価値の創造　22
金融包摂　83
クアルコム　111
クラウドコンピューティング　78, 85
クリティカルマス　90
グローバル・バリュー・チェーン　30, 37
建国100周年　39, 80
工作機械　159
広州汽車集団　104
江西昌河汽車　106
構造問題　101
江沢民　121, 137
胡錦濤　123, 137
国策ファンド　62
国産化政策　60
国内総生産　12
国防権限法　36, 150, 151
国有企業　13, 77, 151
国有企業改革　122
国連平和発展信託基金　137
ココム　→対共産圏輸出統制委員会
個人崇拝　119
コスト・リーダーシップ戦略　18, 24
国家国際発展協力署　138
国家市場監督管理総局　112
国家主席の任期撤廃　121
コト消費　14
コトラー，フィリップ　23

【さ行】

サイバーセキュリティー法　153
債務不履行　100
サプライチェーン　4, 71, 152
サムスン電子　43, 65

産業構造の高度化　15
産業高度化　45
産業補助金　3
産業用ロボット　50
参入前国民待遇　164
三倍賠償制度　154
吉利汽車　107
シェア自転車　48
紫光集団　42, 63
自主ブランド　40
市場の不規則性　13
資生堂　108
次世代情報技術　48
次世代通信規格　5, 42, 66, 71
持続可能な開発目標（SDGs）　25
自動運転　66, 90, 69
ジブチ鉄道建設事業　142
シャープ　8
小米　71
社会主義現代化強国　15
社会主義市場経済　96
社会信用体系建設計画要綱　81
社会信用体系　82
シャドー・バンキング　100
上海汽車集団　108
習近平（国家主席）　2, 34, 65, 112
重慶長安汽車　106
重債務貧困国　141
集積回路　40, 41, 58
集団指導制　119, 120, 122
自由貿易港　127
小康社会建設の全面的な実現　80
消費者小口ローン　83
シルクロード基金　136, 137
人件費の高騰（上昇）　46, 102
人工知能　76
新常態　75, 81
人治国家　13
京東集団　88
京東方科技集団　→BOE
シンプル・ルール戦略　18, 24
人民元の国際化　145
信用スコア　82, 84
信用評価システム　79

索　引　*173*

水平分業　60, 62
スズキ　106
スターバックス　86
スタンドアロン型　44
清華大学　63
制裁関税　148
生産移管　8
生産年齢人口の減少　46
製造強国　39
制度のすきま　17, 24
政府開発援助　133
西部技研　48
世界の工場　31, 58
世界貿易機構　17
ゼネラル・モーターズ　32
尖閣諸島国有化　98
戦後秩序の価値観　149
相互宝　84
ソニー　69
ソフトパワー　126

【た行】

対外援助白書　135
対共産圏輸出統制委員会　118, 150
大衆消費社会　13, 16, 23
対中制裁　2
対米外国投資委員会（ココム）　36, 150
台湾積体電路製造　7
タオバオ　78
知的財産　98
知的財産権　51, 154
チャイナテレコム　44
チャイナモバイル　44
チャイナユニコム　44
趙偉国　63
中興通訊　42
中国・パキスタン経済回廊　138
中国・ミャンマー経済回廊　138
中国アフリカ協力フォーラム　142
中国移動　44
中国汽車工業協会　106
中国広播電視網絡　44
中国国際発展知識センター　141
中国製造2025　15, 38, 52, 61, 153

中国電信　44
中国南南協力援助基金　137
中国の外交方針　125
中国の実質経済成長率　99
中国の自動車市場　103
中国の対外援助　132, 133
中国の半導体　58, 48
中国の夢　101, 127
中国版EL　5
中国標準　155
中国リスク　111
中国聯通　44
中所得国の罠　39
長江存儲科技　64
直接投資収益　103
追加関税　2, 34
通商法301条　34
データ流通圏　154
デジタルエコノミー　15, 153
デジタルビジネス　76, 90
デジタルメディア　85
デル　32
天安門事件　99, 120, 125
電気自動車　5, 49, 102
電子商取引　76
騰訊控股　15
テンセント（騰訊控股）　15, 46, 74, 83, 153
トゥキディデスの罠　30, 118, 149
韜光養晦　123
東芝　68, 111
東芝機械事件　151, 152, 161
鄧小平　120
東風汽車集団　104
東レ　48
独身の日　78
独占禁止法　111
特許出願件数　52
トヨタ自動車　50, 103
トランプ（大統領）　2, 34, 118, 124, 148, 160
ドローン　88

【な行】

ナショナリズム　128
南京大虐殺記念館　122

174　索　引

南南協力援助基金　140
日産自動車　104
日中平和友好条約　115
日本からの対中投資　101
日本工作機械工業会　110
日本電産　111
ニュー製造　75, 89
ニューリテール　75, 86
ネガティブリスト管理制度　164
ネットとリアルの融合　75, 85, 88

【は行】

ハイシリコン（海思半導体）　7, 61, 152
百度　74, 105
ハイブリッド車　104
平和友好条約　96
パナソニック　96
パワーゲーム　156
半導体国産化　59
半導体製造装置　42
反日デモ　98
反腐敗闘争　119
ピアツーピア　84
東シナ海　97, 126
日立製作所　46
ビッグデータ　49, 76
ヒューレット・パッカード　32
ファーウェイ（華為技術）　2, 4, 35, 58, 66, 71,
　　151
ファウンドリー　60
ファナック　110
盒馬鮮生　86
フォード・モーター　32
富士通　47, 65
不正プログラムの埋め込み　152
プラグインハイブリッド車　104
プラットフォーマー　74, 90
文化大革命　96, 119
文明の衝突　6
米国債　5
米中首脳会談　3
米中の覇権争い　45
米中貿易戦争　33, 30, 50, 100
米通商代表部　4

平和友好の海　126
ペンス（副大統領）　149, 160
法治国家　13
博鰲アジアフォーラム　127
ボーイング　32
ポーター，マイケル　21
ボルトン（大統領補佐官）　124
ボルボ・カー　107
ホンダ　105

【ま行】

マーケティング3.0　20, 23, 24
松下幸之助　96
マツダ　106
三菱電機　46
南シナ海　97, 123
無償援助　132
無人店舗　88
村田製作所　69
無利子借款　132
明治　109
名目GDP　12
毛沢東　121
摩拝単車（モバイク）　86

【や行】

靖国問題　98
有機EL　67
優遇借款　132
輸出管理の強化　159
ユニ・チャーム　109
良い会社　16, 19, 24

【ら行】

リコー　8
李克強（首相）　75, 98, 113
李肇星　97
劉鶴（副首相）　3
ルネサス　69
レアアース　5, 35
労働組合　164
労働コストの上昇　33

執筆者一覧

編著者

服部 健治（はっとり けんじ）　中央大学ビジネススクール・フェロー　　　　　　　　　（第1章）

湯浅 健司（ゆあさ けんじ）　日本経済研究センター首席研究員兼中国研究室長　　（序章，第5章）

著者（執筆順）

真家 陽一（まいえ よういち）　名古屋外国語大学外国語学部中国語学科教授　　　　　（第2章）

雷 海涛（LEI Haitao）　桜美林大学経営学研究科教授　　　　　　　　　　　　　（第3章）

岡野 寿彦（おかの としひこ）　NTTデータ経営研究所シニアスペシャリスト　　　　　（第4章）

宮本 雄二（みやもと ゆうじ）　宮本アジア研究所代表（元駐中国大使）　　　　　　　（第6章）

北野 尚宏（きたの なおひろ）　早稲田大学理工学術院国際理工学センター教授　　　　（第7章）

細川 昌彦（ほそかわ まさひこ）　中部大学特任教授　　　　　　　　　　　　　　　（第8章）

＊第6章から第8章までは，中国研究会での講演をもとにした講演録を掲載している。

米中激突　中国ビジネスの行方
──日本企業は激動期をどう勝ち抜くか──

2019年10月10日　第1版第1刷発行　　　　　　　　検印省略

編　者　服　部　健　治
　　　　湯　浅　健　司
　　　　日本経済研究センター

発行者　前　野　　　隆

発行所　株式会社　文　眞　堂
東京都新宿区早稲田鶴巻町533
電　話　03（3202）8480
ＦＡＸ　03（3203）2638
http://www.bunshin-do.co.jp/
〒162-0041 振替00120-2-96437

印刷・製本・モリモト印刷
Ⓒ2019
定価はカバー裏に表示してあります
ISBN978-4-8309-5057-5　C3033

【好評既刊】

中国　世界最強国へのシナリオ！
中国 創造大国への道　ビジネス最前線に迫る
服部健治・湯浅健司・日本経済研究センター 編著

46判・218頁　本体2000円＋税　2018年6月30日発行

　「自主創新」「大衆創業，万衆創新」と呼ぶスローガンのもと，起業ブームに沸く中国。深圳などでのイノベーションの実態はどうなっているのか。それを支える企業はどこまで国際的な競争力を備えているのか。「世界の工場」と呼ばれた中国の産業界は，どこまで質的な変化を遂げたのか。第一線の研究者が実像に迫る。

最新情報をもとに専門家が分析！
変わる北東アジアの経済地図　新秩序への連携と競争
伊集院 敦・日本経済研究センター 編

A5判・264頁　本体3500円＋税　2017年7月10日発行

　一帯一路とAIIBで新たな地域経済圏づくりを仕掛ける中国に，東方シフトを強めるロシア。韓国・北朝鮮やモンゴルを含め，北東アジアの新経済秩序をにらんだ関係国の連携と競争が始まった。エネルギー，物流，金融などの分野で現れた新たなうねりに，日本はどう対応すべきか。変わりゆく北東アジアの経済地図を第一線の専門家が分析。

中国の構造改革の実像に迫る！
2020年に挑む中国　超大国のゆくえ
厳善平・湯浅健司・日本経済研究センター 編

A5判・269頁　本体2800円＋税　2016年7月15日発行

　短期的な経済の動向だけでは中国の実力は判断できず，中国指導部が目指す方向を見誤ると，将来は予想できない。本書は日中の第一線の研究者がテーマ別に分析，2020年の「100年目標」達成に向けて現在，中国の指導部が何を考え，どのような方向に導こうとしているのかを明らかにする。

【新刊】

気鋭の専門家による「一帯一路」研究の決定版！
一帯一路の政治経済学　中国は新たなフロンティアを創出するか
平川均・町田一兵・真家陽一・石川幸一 編著

A5判・269頁　本体2800円＋税　2016年7月15日発行

　短期的な経済の動向だけでは中国の実力は判断できず，中国指導部が目指す方向を見誤ると，将来は予想できない。本書は日中の第一線の研究者がテーマ別に分析，2020年の「100年目標」達成に向けて現在，中国の指導部が何を考え，どのような方向に導こうとしているのかを明らかにする。